まえがき

　本シリーズは「どうしたらできるようになるのか」「どうしたらうまくなるのか」という子どもの願いに応えるために，教師が知っておきたい「『運動と指導』のポイント」をわかりやすく示している。

　その特徴は「写真」にある。「写真」を使って運動の経過やつまずきを示すことで，動きと運動のポイントが明確になるようにしている。絵では示し得ない運動の姿をリアルに描き出し，それを日々の授業に役立てていただけることを願ってまとめている。

　このシリーズは，小学校における体育科の内容を考慮し，**「鉄棒」「マット」「とび箱」「ボール」「水泳」「陸上」「なわとび」「体つくり」**の各巻で構成している。それを筑波大学附属小学校の体育部並びに体育部OBで分担，執筆した。

　各巻のなかで取り扱う運動は，系統と適時性を考慮して配列し，基礎的な運動からその発展までを系統樹として巻頭に示した。本書は，このシリーズのなかの**「ボール」**である。

　本書では，他領域と同様に基礎感覚を養うことを重要視し，第Ⅰ章に「ボール操作の基礎技能を養うゲーム」を，第Ⅱ章に「ゲームにおける身体操作を養う鬼遊び」を示した。低・中学年期あるいは授業の準備運動，ドリルゲームとして楽しみながら取り組めるようにしたい。また，第Ⅲ章「ゴール型のゲーム・ボール運動」，第Ⅳ章「ネット型のゲーム・ボール運動」，第Ⅴ章「ベースボール型のゲーム・ボール運動」は，それぞれの活動のポイントを明示し，授業を展開するにあたってのヒントとなるようにした。さらに，ゲームの流れが写真によって理解できるように努めた。

　ボール運動の授業では，バスケットボールやサッカーというスポーツ種目に取り組むことが多い。しかし，基礎的なボール操作技能や身体操作が養われていない子も多いという実態もある。ボール運動の前段階に扱う必要のある運動を系統的に掲載するようにしたので，子どもの実態に応じた運動教材を授業で取り組ませるようにしていただきたい。本書がその一助となれば幸いである。

　最後に，本書の出版にご尽力をいただいた多くの関係諸氏に心よりお礼を申し上げたい。

「ボール」の授業づくり 10のコツ

1．できるだけシンプルな授業を

　ボール運動は，さまざまな状況において判断や技能の発揮が求められる。それ故，学ばせたい技術（技能）や戦術（戦術能）が多岐にわたってしまいがちである。また，教材化するにあたっては，これまでにもさまざまなアイデアが出されているが，学習内容を意識すればするほどゲームのルールは複雑化してしまいがちになる。授業の構成，場，学習内容，教師の指導言葉といったことをシンプルにしていかないと，子どもたちにとって学びきれないばかりでなく，教師にとっても指導しきれない状況が出てくる。できる限りシンプルな授業を構成し，子どもたちが伸びる授業を目指したい。

2．ボール操作の基礎技能は細く長く養う

　ボール操作の技能は，短期間で身に付くものではない。器械運動の基礎感覚づくりと同様に，長いスパンで養っていきたい。1回の授業20分をめやすに他の単元と組み合わせた帯状単元として年間を見通して定期的に取り組んでおくとよい。上手になるには，運動に取り組む回数（頻度・量）を保障する必要がある。

3．応援，マナーなどの社会的行動を重視して

　ボール運動をみんなが楽しく取り組むためには，お互いにルールを守る態度を示すことが基本的な条件である。子どもはゲームに勝つことにこだわり，相手に文句を言いがちである。また，ラインやボディタッチなどの微妙なところでもめることも多い。さらに，自分に有利な判定ばかりする声の大きな子や，ルールギリギリのところでズルイと思われるようなプレイをする子もいる。そのような子どもの実態を受け入れながらも，教師は子どもたちがゲームを楽しくできるように以下のようなマナーを教えていく必要がある。
○ボール運動は相手がいるからできる。したがって，最初と最後の挨拶は必ずする。
○ゲームに出ていなくても自分のチームを応援する（応援の内容に学習内容を入れ込む）。
○お互いにズルイと思われるようなプレイや故意の（わざと）反則をしない。
○反則をしてしまったら，一言謝ってボールを相手に譲るか，1つ前のプレイに戻ってやり直す。
○もめてしまい，どうしても解決がつかない場合はどうするかを決めておく（ジャンケンをする，等）。

4．ゲームフリーズを使おう

　子どもはゲーム中になると，自分がどの位置にいるのか，どこのスペースへ動くべきなのかといったことを理解しづらい。できればゲームを見る視点（学習内容）を与えたうえで体育館のギャラリーなどに上がって上から動きを見せたい。上から見ることで，コートに立って動いているときには意識できないことが見えてくる。また，運動場など，すぐに移動して上から見ることのできない場合は，コートの横からゲームを見ることになる。その場合，戦術的な学習内容をわかりやすくするため，ゲームを止めて（ゲームフリーズして）学習内容について触れていくようにする。さまざまに変化する状況のなかで，わかりやすい位置関係になったときに止めて，ゆっくりと動きながら学ばせることで，より具体的に理解できるのである。

5. 効率的なマネジメントの方法を知っておこう

　ボール運動では，移動や待機といった，運動学習をしていない時間がどうしても多くなりがちであるが，ちょっとした工夫でそのような時間を減らすことができる。また，授業の準備では，コートのラインを引くことも多いが，ラインカーの使い方を知っていることで，コートを素早く楽に引くことができる。

　例えば，集合場所をコートとコートの間にしたり，素早く集合した子（班，チーム）に見本ゲームをやってもらうといった工夫で移動の時間を短くできる。また，ノートや学習カードを置く場所も，壁にシール（写真１）を貼ったりラインで枠（写真２）を描くなどして明確にしておくとよい。さらに，ラインカーは引っ張って使う方が楽に素早く真っ直ぐ引ける。円を描く際も，中心を決めて半径の４点を決めてから中心を意識して意図する大きさの円を描ける（写真３）ようにしたい。

写真１

写真２

写真３

6. ボール・コート・ゴールは学習内容や子どもの実態を留意して

○ボールについては，おおむね次のような特徴が考えられる
　片手で握れる小さなボール　　：投げやすく，キャッチしづらい
　片手で握れない大きなボール　：キャッチしやすく，投げづらい
　よく弾むボール　　　　　　　：楽しいが，操作しづらくキャッチしづらい
　あまり弾まないボール　　　　：キャッチしやすく操作しやすいが，弾む動きは楽しめない
　硬いボール　　　　　　　　　：よく弾み本物志向だが，痛く怖い
　柔らかいボール　　　　　　　：操作しやすく痛くないが，本物らしくない
　軽いボール　　　　　　　　　：痛くなく怖くないが，勢いによっては重心がブレたり浮いたりする

○コートについては，おおむね次のような特徴が考えられる
　ハーフコート　　：攻防の意識が明確になり，終盤局面（シュート場面）の戦術的内容に特化した学習を
　　　　　　　　　　させることができる。
　オールコート　　：既成のスポーツに近い流れでゲームができる。序盤・中盤局面（ボール運び場面）か
　　　　　　　　　　ら終盤局面（シュート場面）全体の戦術的内容の学習をさせることができる。
　グリッドコート：コートの区切り方を工夫して制限区域を設けることで，中盤局面（ボール運び場面）
　　　　　　　　　　や終盤局面（シュート場面）それぞれの戦術的な学習内容の一部を特化して学習させ
　　　　　　　　　　ることができる。

○ゴールについては，おおむね次のような特徴が考えられる
　シュート範囲が180°のゴール：既成のスポーツに近いコートなので，子どもにとってはなじみやすい。
　シュート範囲が360°のゴール：シュート範囲が広いためゴール前のスペースがわかりやすい。
　シュート範囲が横に広いライン
　　型ゴール（オープンゴール）：終盤局面でゴールに集約しないため，中盤局面の内容を学習しやすい。

7．学習内容を絞って明確に

　ボール運動の授業では，子どもたちが一見楽しそうに運動に取り組むことが多い。ところが，ゲーム化することによって状況の変数が多くなってしまい，学ばせたい内容に絞れず学習内容が曖昧になってしまうことも多い。できるだけシンプルな学習内容を明確に示し，子どもたちがシンプルに学べるようにしてあげたい。

8．みんなが楽しめる点数の工夫を

　基本的には，全員が平等な点数でプレイをし学習内容を獲得していくことによって全員がゴールできるようになることが理想である。教材化のやり方によってはそれに近い状態が実現できるのかもしれない。しかし，子どもの実態もさまざまなので，なかなか思うようにはいかないことの方が多い。以下に，いくつかの工夫を示しておく。

○初得点10点制
　どの子も初めての得点だけ10点与えるルール。同じ子が何度も得点するよりも初得点する子を増やした方が有利なルール。

○全員得点でボーナス制
　ゲームに出ている全員が得点したらボーナス点をもらえるというルール。

○高得点者指名制
　相手チームの中で1人か2人通常の得点よりも高い点数の子をお互いに選ぶ。そのような子をいかに有効に活用するかがチームの作戦として反映してくる。

○男女で異なる得点制
　単純に男女で点数を分けてしまうルール。例えば男子は1点，女子は2点。

○得点者交替制
　チームの人数よりもゲームに出る人数が少ない場合は，得点したら外に出て応援していた仲間と交替するというルール。

○連続得点禁止制
　同じ子が連続で得点してはいけないルール。

9．平等なチーム編成を

　ボール運動の授業を盛り上げるために，できる限り力が均等なチーム編成をしたい。現実的にはなかなか難しいが，客観的なデータをもとにしたり代表の子どもたちと相談したりして，できるだけ子どもたちが納得して取り組めるようにしたい。子どもたち自身のことは子どもたちに聞いたほうがよい場合も多いが，時間的なこともあるので，教師が決める場合と，子どもたちと相談しながら決める場合の両方のパターンを知っておきたい。一例として示しておくので，参考にしていただきたい。

○**教師が決める場合**
　最も単純なのが，体育の並び方や生活班を利用してチームとしてしまう方法である。
　ほかには，試しのゲームを行って触球数を調査し，そのデータをもとにつくる方法もある。手順としては，チームやゲームの中心となれるキャプテンを選び，そこにバランスを考えながら触球数調査をもとに人間関係を考慮に入れて他の子をくっつけていく。

○**子どもたちと共に決める場合**
1．全員で公平にバランスよくチームを決めてくれそうなキャプテンをチーム数と同じ人数だけ決め，チーム編成を任せることを合意する。あまり時間がない場合は，男キャプテンと女キャプテンを決めてそ

れぞれでチームをつくり，バランスを見てくっつけてもよい。
2．休み時間等にキャプテン会議を開く。チームが平等な力になるように教師と共に相談しながらつくる。あらかじめクラスを技能水準ごとに上位群，中位群，下位群と大枠で3つに分けておいてもよい。試しのゲームなどで触球数を調査し，そのデータをもとに分けておくと，ある程度客観的である。
3．最初に技能水準下位群からキャプテンに選ばせる。配慮を要する子どもがいる場合，教師が選出しておき，キャプテンがフォローしなければならないことを説明し，どのキャプテンのもとで学習するのかを相談する。バランスを考え，そのチームはその他のメンバーによって有利になるようにする。
　　次に，技能水準上位群からそれぞれ選ぶ。最後に技能水準中位群を選び，基本のチームを決める。最終的に，お互いにチームのメンバーのバランスを見て，トレードをすることで微調整を行う。

○ジャンケンで決める場合（その1）
1．クラス全員の前で，チーム数と同じ人数のキャプテンを選出する。
2．キャプテンがジャンケンをして，チームのメンバーを選ぶ順番を決める。勝った方から1人ずつ選んでいく。
3．2巡目は1巡目とは逆の順序，3巡目は2巡目とは逆の順序，4巡目は3巡目とは逆の順序という具合に選んでいく。すなわち，最後に選んだキャプテンは続けてもう1人を選ぶことになる。
4．残り2巡分くらいの人数になったら，その子たちにジャンケンをさせて，勝った順番に行きたいチームを選ばせる。

○ジャンケンで決める場合（その2）
1．クラス全員の前で，チーム数と同じ人数のキャプテンを選出する。
2．キャプテン同士が相談して，同程度の技能水準の子をチームの数だけ選ぶ。
3．選ばれた子が集まり，ジャンケンで自分のキャプテン（チーム）を選ぶ。
4．2と3を技能水準が上位から順に，または技能水準が上位の子と下位の子を交互に選んでいく。その際，既に決まっているメンバーを公開しておくとよい。
5．キャプテンに対しては，チームのメンバーから選ばれた立場にあることを，また，チームのメンバーに対しては，自分で選んだキャプテン（チーム）であることを確認してゲームに入るとよい。

10．対戦方式は時数を考慮して

　主な対戦方式は3つである。チーム数によって異なるが，それぞれの特徴と試合数を示すので参考にしていただきたい。

1 入れ替え戦方式

特徴　チーム数が6～10チーム以上と，多いときなどに使いたい。チーム数が多い分1チームの人数が少ないので運動頻度・量を保障することができる。また，技能水準の低い子どもがわかりやすく，指導しやすい。
　やらなければならない試合数が決まっていないので，実態に応じて単元を長くも短くもできる。

やり方　コートを1点コート，2点コート，3点コート……と名付けておく。
　最初のコートはジャンケンで決める。
　ゲームをやって勝ったチームは上のコートへ上がり，負けたチームは下のコートへ下がる。

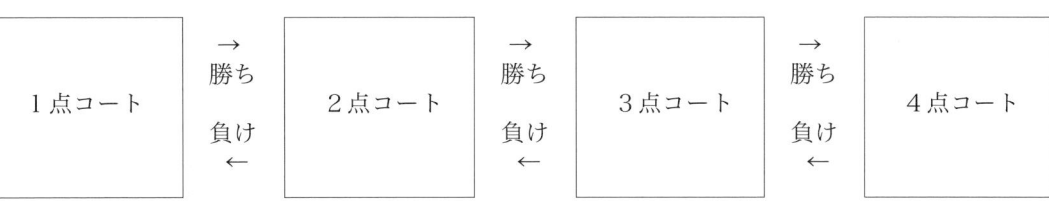

2 トーナメント戦方式

特徴 チームにより試合数に差が生じるので，授業では使いづらい。単元のまとめの大会や，学年のクラス交流のための大会などで行うとよい。

やり方 チーム数に応じた試合数と，試合の順番（丸中数字）を以下に示す。参考にしていただきたい。
（「4ゲーム　2コート　2回」とは，「全部で4ゲームを必要とし、コートを2面使用する場合は、1コートにつき試合2回で終了する」という意味である。以下同様）

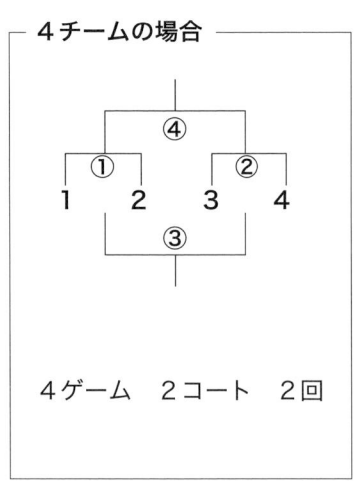

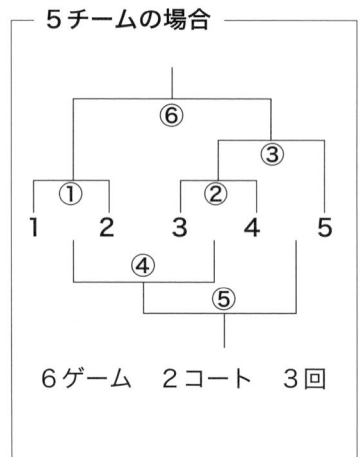

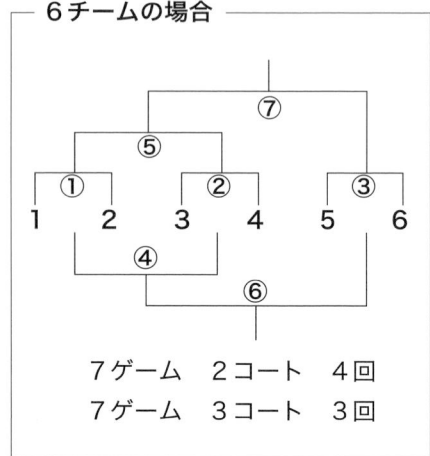

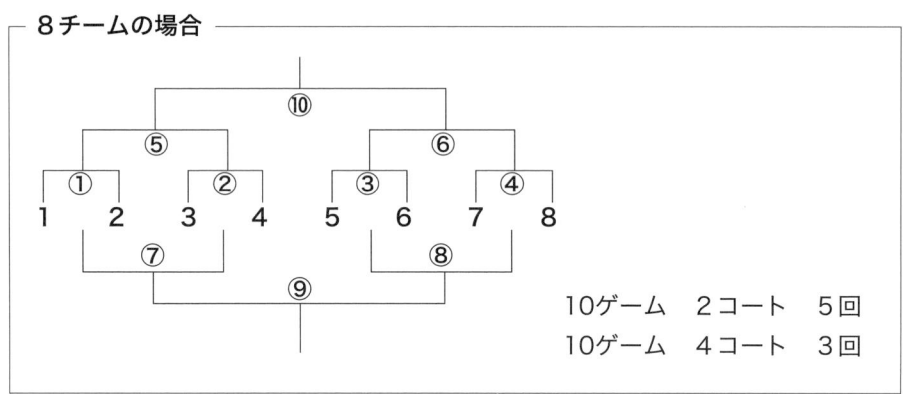

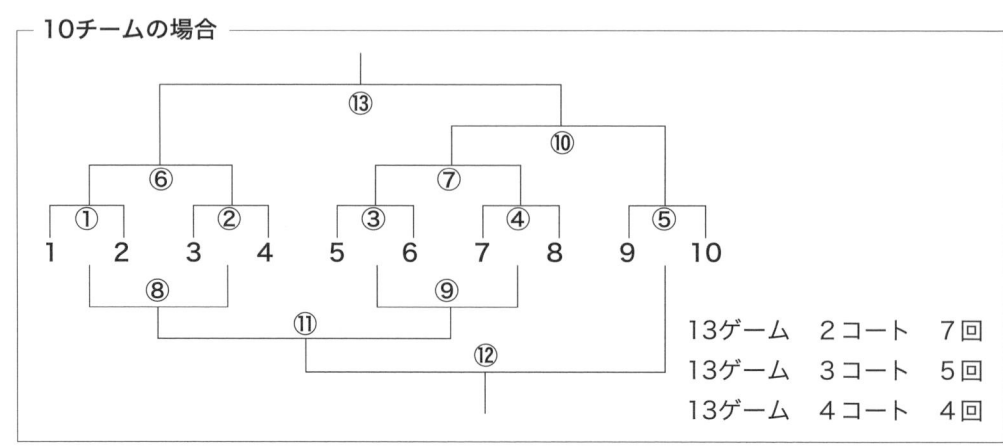

3 リーグ戦方式

特徴 すべてのチームと対戦できるので，子どもたちは意欲的に取り組むことが多い。チーム数に応じて試合数が決まってくるので，短い単元にも長い単元にもできるが，ただ単にゲームに取り組ませるということではなく、単元の長さに応じた学習内容をよく考えておく必要がある。

やり方 チーム数に応じた試合数と、試合の順番（丸中数字）を以下に示す。参考にしていただきたい。

4チームの場合

	1	2	3	4
1				
2				
3				
4				

6ゲーム　2コート　3回
① 1−2　3−4
② 1−3　2−4
③ 1−4　2−3

5チームの場合

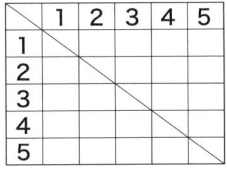

10ゲーム　2コート　5回
① 2−3　4−5
② 1−4　3−5
③ 1−5　2−4
④ 1−3　2−5
⑤ 1−2　3−4

6チームの場合

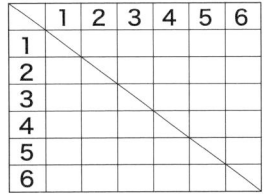

15ゲーム　3コート　5回
① 1−2　3−4　5−6
② 2−3　4−5　1−6
③ 1−5　2−4　3−6
④ 1−3　2−5　4−6
⑤ 1−4　2−6　3−5

8チームの場合

	1	2	3	4	5	6	7	8
1								
2								
3								
4								
5								
6								
7								
8								

28ゲーム　4コート　7回
① 1−2　3−4　5−6　7−8
② 2−3　4−5　6−7　1−8
③ 1−3　2−4　5−7　6−8
④ 1−4　2−7　3−6　5−8
⑤ 1−5　2−8　3−7　4−6
⑥ 1−6　2−5　3−8　4−7
⑦ 1−7　2−6　3−5　4−8

10チームの場合

	1	2	3	4	5	6	7	8	9	10
1										
2										
3										
4										
5										
6										
7										
8										
9										
10										

45ゲーム　5コート　9回
① 1−2　3−4　5−6　7−8　9−10
② 1−6　2−7　3−8　4−9　5−10
③ 1−5　2−6　3−7　4−10　8−9
④ 1−3　2−8　4−7　5−9　6−10
⑤ 1−10　2−4　3−9　5−7　6−8
⑥ 1−4　2−9　3−6　5−8　7−10
⑦ 1−8　2−5　3−10　4−6　7−9
⑧ 1−7　3−5　4−8　2−10　6−9
⑨ 1−9　2−3　6−7　4−5　8−10

45ゲーム　3コート　15回　　　　審判
① 1−2　3−4　5−6　　7,8,9,10
② 7−8　9−10　1−6　　2,3,4,5
③ 2−3　4−5　7−10　　1,6,8,9
④ 1−9　6−8　4−7　　2,3,5,10
⑤ 2−8　3−5　6−10　　1,4,7,9
⑥ 5−9　1−7　2−4　　3,6,8,10
⑦ 8−10　3−9　6−7　　1,2,4,5
⑧ 1−5　2−7　4−9　　3,6,8,10
⑨ 3−8　5−10　4−6　　1,2,7,9
⑩ 2−10　7−9　1−8　　3,4,5,6
⑪ 3−6　5−8　1−4　　2,7,9,10
⑫ 2−9　3−7　1−10　　4,5,6,8
⑬ 2−5　4−8　6−9　　1,3,7,10
⑭ 1−3　4−10　5−7　　2,6,8,9
⑮ 2−6　3−10　8−9　　1,3,4,10

45ゲーム　4コート　12回　　　　　　審判
① 1−2　3−4　5−6　7−8　　9, 10
② 9−10　1−6　2−7　3−8　　4, 5
③ 4−9　5−10　2−6　3−7　　1, 8
④ 4−10　8−9　1−5　3−6　　2, 7
⑤ 1−3　2−8　4−7　5−9　　6, 10
⑥ 6−10　2−4　3−9　5−7　　1, 8
⑦ 6−8　2−9　3−5　1−10　　4, 7
⑧ 1−4　5−8　7−10　6−9　　2, 3
⑨ 1−8　2−5　3−10　4−6　　7, 9
⑩ 7−9　4−8　2−10　　　　1, 3, 5, 6
⑪ 1−7　2−3　4−5　　　　　6, 8, 9, 10
⑫ 1−9　6−7　8−10　　　　2, 3, 4, 5

ボール運動の系統樹

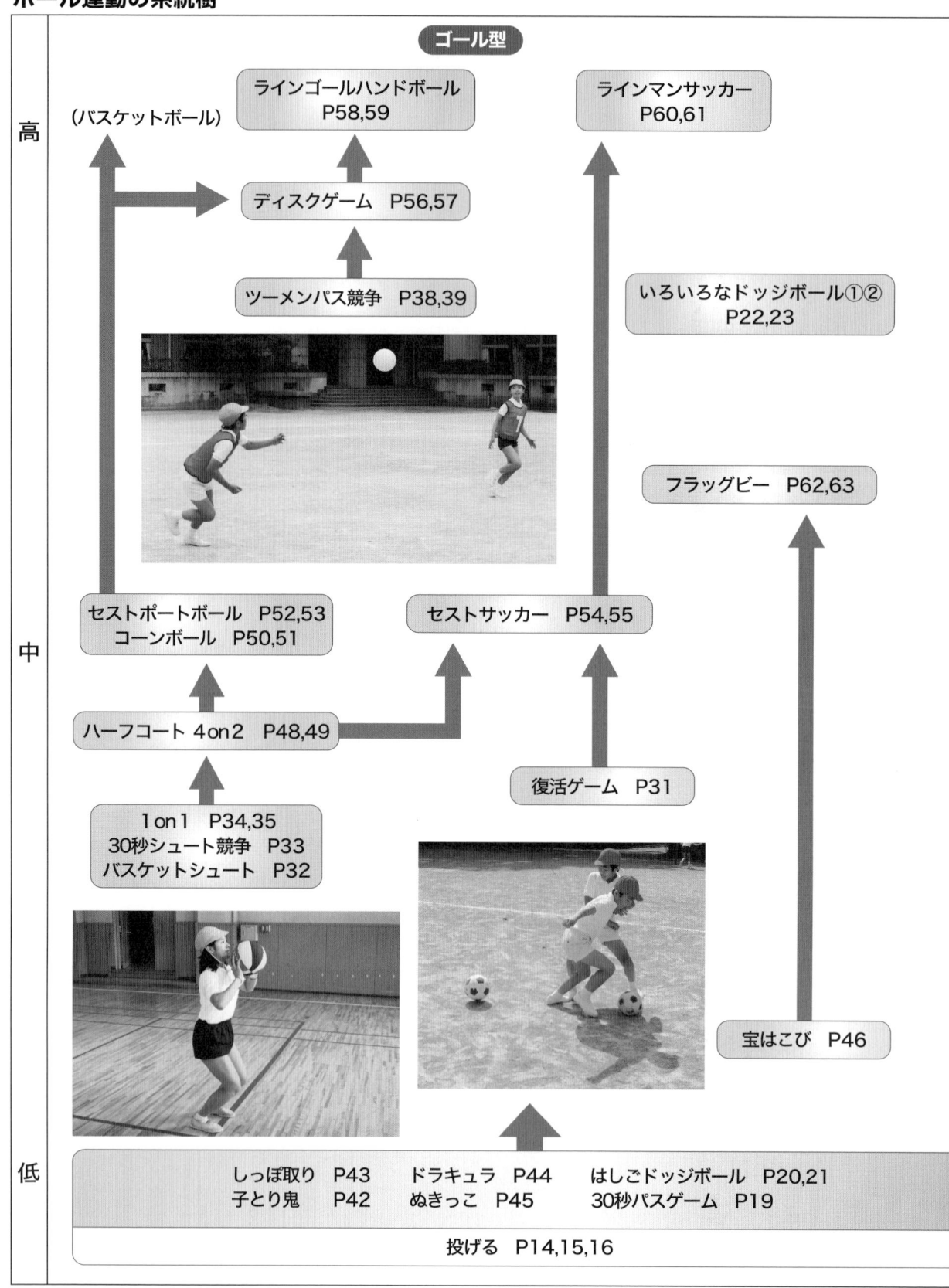

ゴール型

高
- （バスケットボール）
- ラインゴールハンドボール P58,59
- ラインマンサッカー P60,61
- ディスクゲーム P56,57
- ツーメンパス競争 P38,39
- いろいろなドッジボール①② P22,23

中
- セストポートボール P52,53
- コーンボール P50,51
- セストサッカー P54,55
- フラッグビー P62,63
- ハーフコート 4on2 P48,49
- 1on1 P34,35
- 30秒シュート競争 P33
- バスケットシュート P32
- 復活ゲーム P31
- 宝はこび P46

低
- しっぽ取り P43
- 子とり鬼 P42
- ドラキュラ P44
- ぬきっこ P45
- はしごドッジボール P20,21
- 30秒パスゲーム P19

投げる P14,15,16

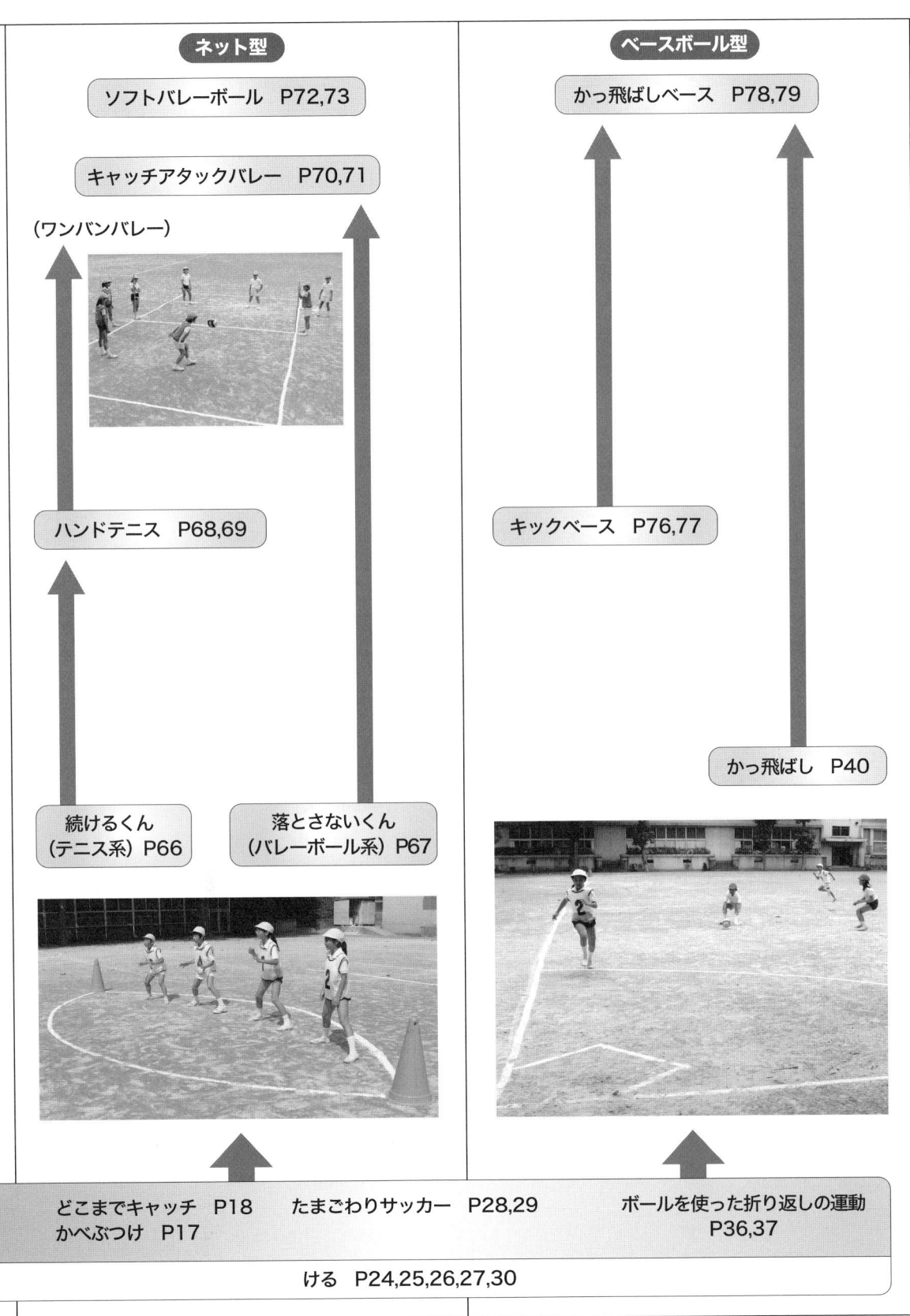

ネット型

ソフトバレーボール　P72,73

キャッチアタックバレー　P70,71
（ワンバンバレー）

ハンドテニス　P68,69

続けるくん（テニス系）P66

落とさないくん（バレーボール系）P67

ベースボール型

かっ飛ばしベース　P78,79

キックベース　P76,77

かっ飛ばし　P40

どこまでキャッチ　P18
かべぶつけ　P17

たまごわりサッカー　P28,29

ボールを使った折り返しの運動　P36,37

ける　P24,25,26,27,30

目次

◇まえがき　　　　　　　　　　　　　　　　　　　　　　　　1

◇「ボール」の授業づくり10のコツ　　　　　　　　　　　　　2～7

◇ボール運動の系統樹　　　　　　　　　　　　　　　　　　　8・9

Ⅰ．ボール操作の基礎技能を養うゲーム
- ■遠くに投げられる子の動き　　　　　　　　　　　　　14・15
- ■どすこい投げ　　　　　　　　　　　　　　　　　　　16
- ■かべぶつけ　　　　　　　　　　　　　　　　　　　　17
- ■どこまでキャッチ　　　　　　　　　　　　　　　　　18
- ■30秒パスゲーム　　　　　　　　　　　　　　　　　　19
- ■はしごドッジボール　　　　　　　　　　　　　　　　20・21
- ■いろいろなドッジボール①　　　　　　　　　　　　　22
- ■いろいろなドッジボール②　　　　　　　　　　　　　23
- ■上手にけれる子の動き　　　　　　　　　　　　　　　24・25
- ■いろいろなけり方　　　　　　　　　　　　　　　　　26・27
- ■たまごわりサッカー　　　　　　　　　　　　　　　　28・29
- ■ボールタッチからドリブルへ　　　　　　　　　　　　30
- ■復活ゲーム　　　　　　　　　　　　　　　　　　　　31
- ■バスケットシュート　　　　　　　　　　　　　　　　32
- ■30秒シュート競争　　　　　　　　　　　　　　　　　33
- ■1 on 1　　　　　　　　　　　　　　　　　　　　　　34・35
- ■ボールを使った折り返しの運動　　　　　　　　　　　36・37
- ■ツーメンパス競争　　　　　　　　　　　　　　　　　38・39
- ■かっ飛ばし　　　　　　　　　　　　　　　　　　　　40

Ⅱ．ゲームにおける身体操作を養う鬼遊び
- ■子とり鬼　　　　　　　　　　　　　　　　　　　　　42
- ■しっぽ取り　　　　　　　　　　　　　　　　　　　　43
- ■ドラキュラ　　　　　　　　　　　　　　　　　　　　44
- ■ぬきっこ　　　　　　　　　　　　　　　　　　　　　45
- ■宝はこび　　　　　　　　　　　　　　　　　　　　　46

III. ゴール型のゲーム・ボール運動

- ■ハーフコート4on2　　　　　　　　　　　　　　　　48・49
- ■コーンボール　　　　　　　　　　　　　　　　　　50・51
- ■セストポートボール　　　　　　　　　　　　　　　52・53
- ■セストサッカー　　　　　　　　　　　　　　　　　54・55
- ■ディスクゲーム　　　　　　　　　　　　　　　　　56・57
- ■ラインゴールハンドボール　　　　　　　　　　　　58・59
- ■ラインマンサッカー　　　　　　　　　　　　　　　60・61
- ■フラッグビー　　　　　　　　　　　　　　　　　　62・63

IV. ネット型のゲーム・ボール運動

- ■続けるくん（テニス系）　　　　　　　　　　　　　66
- ■落とさないくん（バレーボール系）　　　　　　　　67
- ■ハンドテニス　　　　　　　　　　　　　　　　　　68・69
- ■キャッチアタックバレー　　　　　　　　　　　　　70・71
- ■ソフトバレーボール　　　　　　　　　　　　　　　72・73

V. ベースボール型のゲーム・ボール運動

- ■キックベース　　　　　　　　　　　　　　　　　　76・77
- ■かっ飛ばしベース　　　　　　　　　　　　　　　　78・79

1. ボール操作の基礎技能を養うゲーム

ボール操作の基礎技能を養うゲーム
遠くに投げられる子の動き

運動のポイント

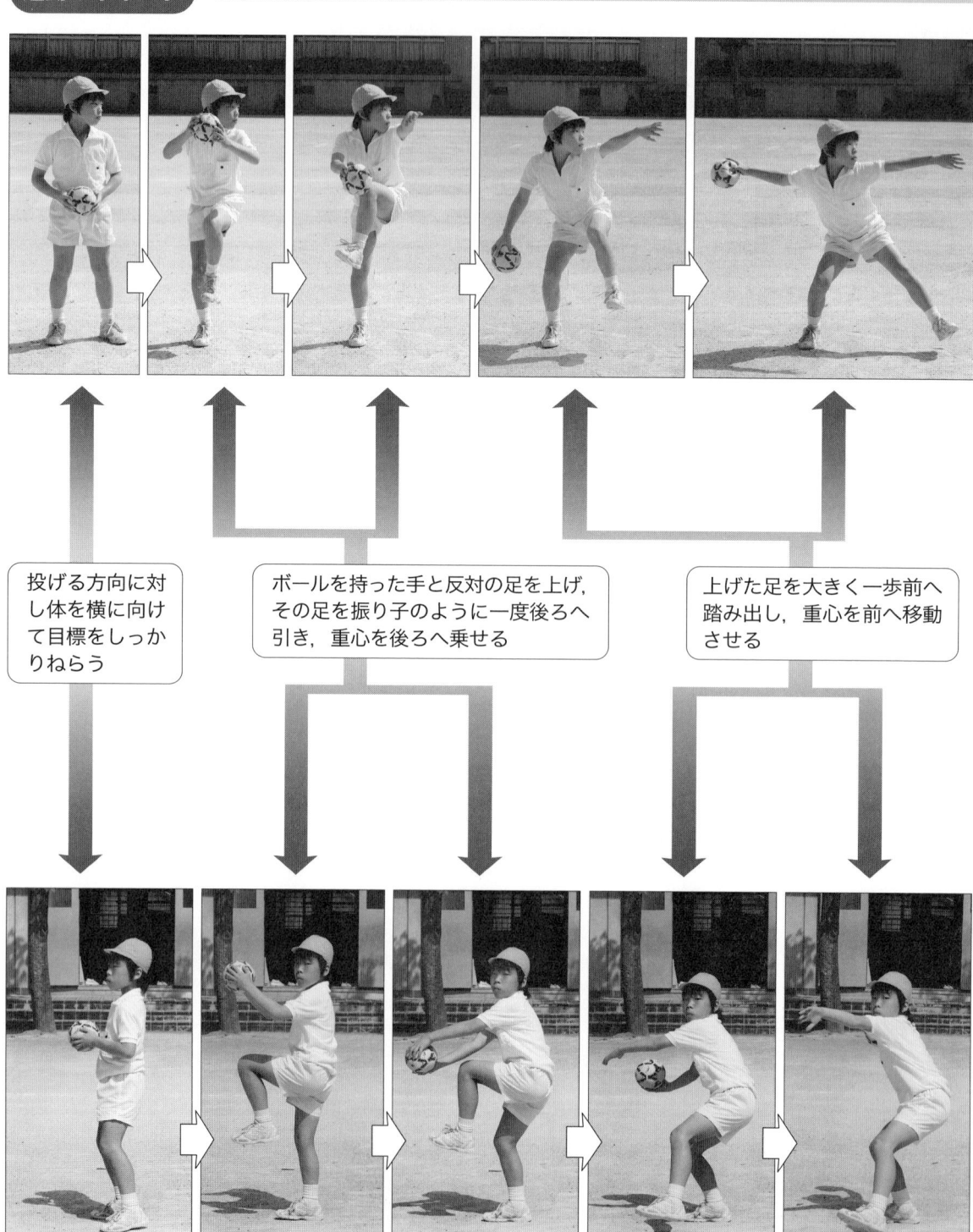

投げる方向に対し体を横に向けて目標をしっかりねらう

ボールを持った手と反対の足を上げ，その足を振り子のように一度後ろへ引き，重心を後ろへ乗せる

上げた足を大きく一歩前へ踏み出し，重心を前へ移動させる

ボール運動で必ず習得させておきたいのが、このボール投げである。どのボール運動でも投げる技能は必要であり、その技能の水準によって戦術が規定されてくるところもある。できれば低学年のときからきちんと指導しておきたいが、子どもの実態によってはどの時期であってもきちんと指導して身に付けさせたい技能である。

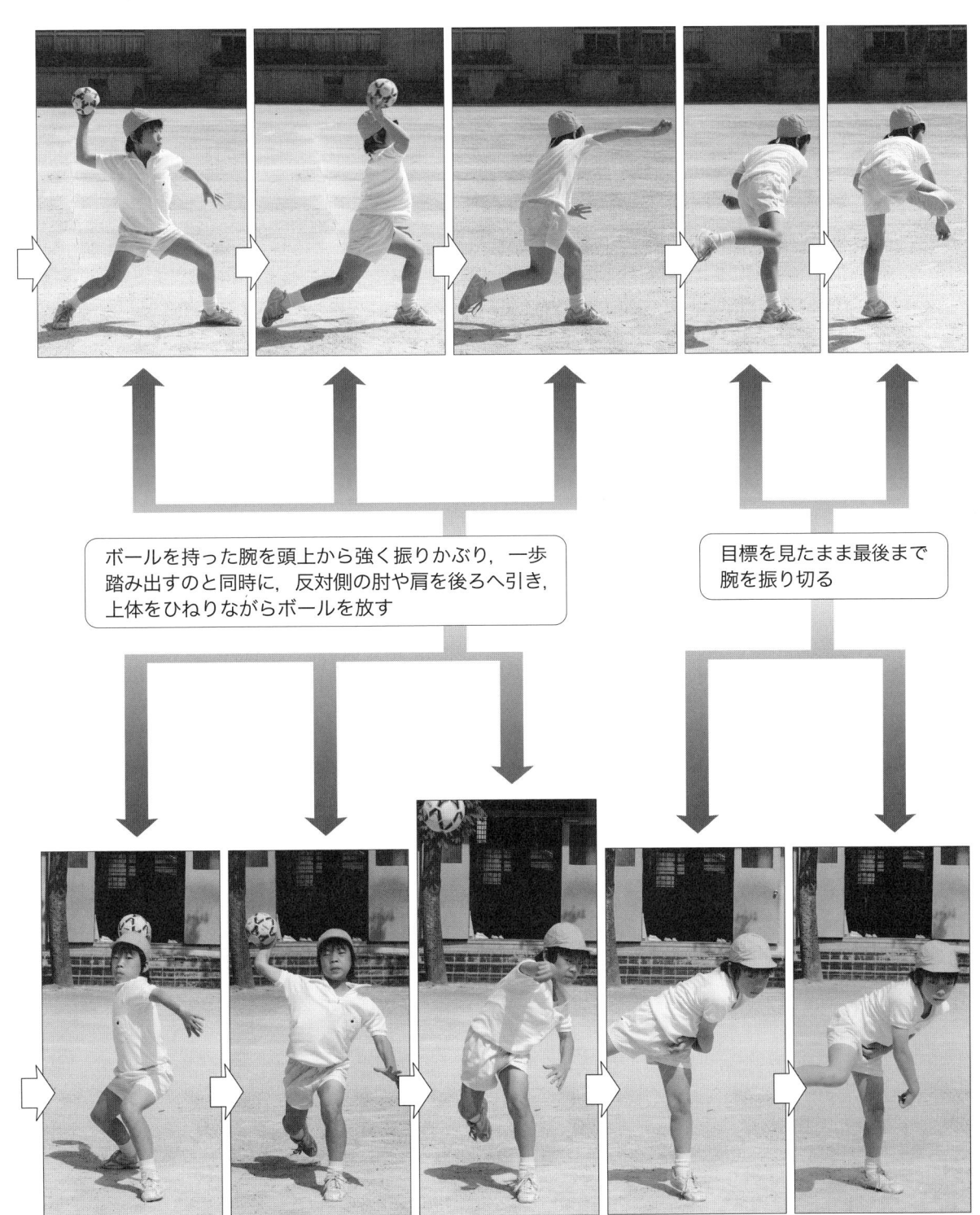

ボールを持った腕を頭上から強く振りかぶり、一歩踏み出すのと同時に、反対側の肘や肩を後ろへ引き、上体をひねりながらボールを放す

目標を見たまま最後まで腕を振り切る

ボール操作の基礎技能を養うゲーム

どすこい投げ

投げる動作は自然と身に付くものではなく，きちんと教えなければならない。どすこい投げは，ラインをまたぐことできちんとした投げる動作を身に付けさせることができる。口伴奏を一緒に使うことで投げる動作のポイントを押さえていきたい。ゲームに夢中になると投げる動作がいい加減になりやすい。どすこい投げにしっかり取り組んでおくことで，投げる動作がおろそかになったときの合い言葉としたい。

運動の行い方

- 壁と平行なラインを2本引き，遠い方のラインに立つ。
- ボールを持った手を頭の後ろへ引き，前足を上げ，後ろ足に体重を乗せる。
  余裕のある子は，前足を振り子のように後ろへ引く。
- 前のラインを目標にして一歩踏み出すと同時に，反対の肘を引いて上体をひねる。つま先は前向き。

線をまたいでー

どー

すごい！

活動のポイント

- 3～4人の小集団でお互いに見合いながら，口伴奏をし合う。
- 口伴奏は「（横を向いてー，）線をまたいでー，どーー，すごい！」
- 1人で3～5回連続で投げてから交替する。
- 上手な子に見本をやらせるとよい。
- 見本のポイントとしては以下の3点である。

  ①後ろから前へしっかりと重心移動ができている（一歩前へ出ている）。
  ②重心移動と協応して反対側の肘や肩が後ろへ引かれ，上体をひねっている。
  ③（ある程度上手になったら，）ボールを持つ手が頭の後ろへ引かれ，踏み出す足も一度振り子のように後ろへ引いてから一歩踏み出している（準備動作からの重心移動）。

ボール操作の基礎技能を養うゲーム

かべぶつけ

ゲームの準備

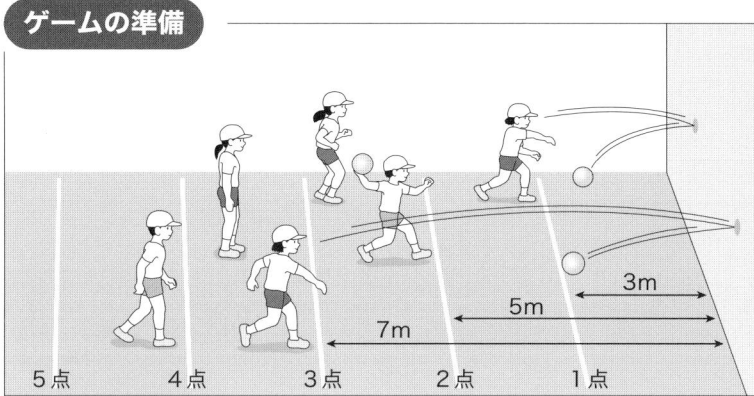

- 壁から3〜5mのところにラインを引き、2m間隔で4〜5本引いておく
- 壁に最も近いラインは、クラス全員が届くように配慮する
- ラインに点数をつけるとよい
- ボールけりも同じような場を設定することで取り組むことができる

運動の行い方

最初はきちんとどすこい投げを指導し、ラインを利用して投動作を身に付けさせる
2〜3回壁（的）に当たったら、1本後ろのラインから取り組む

活動のポイント

- 3〜4人でお互いに壁（的）に当たったか確認しながら班ごとに取り組む。
- 1人で5回連続で投げて交替。班の全員が5回中2〜3回壁（的）に当たったら、後ろの線へ下がる。
- つまずく動きで投げる子が出るので注意して巡視し、どすこい投げをするように指導する。
- ○点のラインまで行ったら合格という基準を明確につくる。
- 30秒間の回数を競ってもよいが、動きが粗くなることが多いので注意する。

つまずく動き

同じ側の手と足が一緒に出てしまう

正面を向いて投げてしまう
（手だけで投げて体のひねりがない）

ボール操作の基礎技能を養うゲーム
どこまでキャッチ

ゲームの準備

- 最初の2本だけは3m間隔，残りは1.5m間隔でラインを引く
- ラインに点数をつける

3点　2点　1点
1.5m　1.5m　3m

運動の行い方

きちんとした動作で投げる

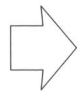

キャッチは体の正面で

2人がどちらも落とさずにキャッチに成功したら，後ろの線へ下がる

活動のポイント

- 男女の2人組で取り組ませるとよい。
- 相手がキャッチしやすい（胸の辺りに）ボールを投げることを意識させる。
- できなくてもどんどん下がってしまうこともあるので途中で止めて，遠いところでキャッチできた2人組に見本をやってもらうと，確認の意味もあってよい。
- 合格のラインを「○点ラインまで」と明確にしておく。

つまずく動き

手と足が一緒　　正面を向いてしまう

指導のポイント

教師が背中側から腕を持ち，重心移動とひねりの補助をする

ボール操作の基礎技能を養うゲーム

30秒パスゲーム

ゲームの準備

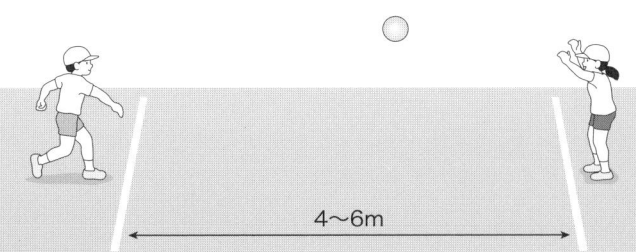

- 2人組でのパスは，4〜6mの間隔でラインを引く
- 3人以上の人数なら三角形のラインを引く
- ボールけりも同じような場を設定することで取り組む

運動の行い方

30秒間で何回パスできるか

3人以上の場合は，パスしたら反対方向へ走るようにする

活動のポイント

- 最初はワンバウンドでパスをさせて競わせるとよい。
- 30秒間の最高記録や合計記録で競わせる。
- 1組が3人以上の人数の場合は，三角形になってパスしたらすぐに走る（パス＆ランをする）ように意図したい。

つまずく動き

両手で持って上から投げる

両手で持って下から投げる

同じ側の手と足が出る

　速く強く投げようとあせってしまうと，動作が身に付いていない子はどうしても両手で持って頭の上から投げようとしたり同じ側の手と足が出てしまったりする。
　半身になったどすこい投げを意識するように，何度も声をかけるようにしたい。

ボール操作の基礎技能を養うゲーム

はしごドッジボール

ゲームの準備

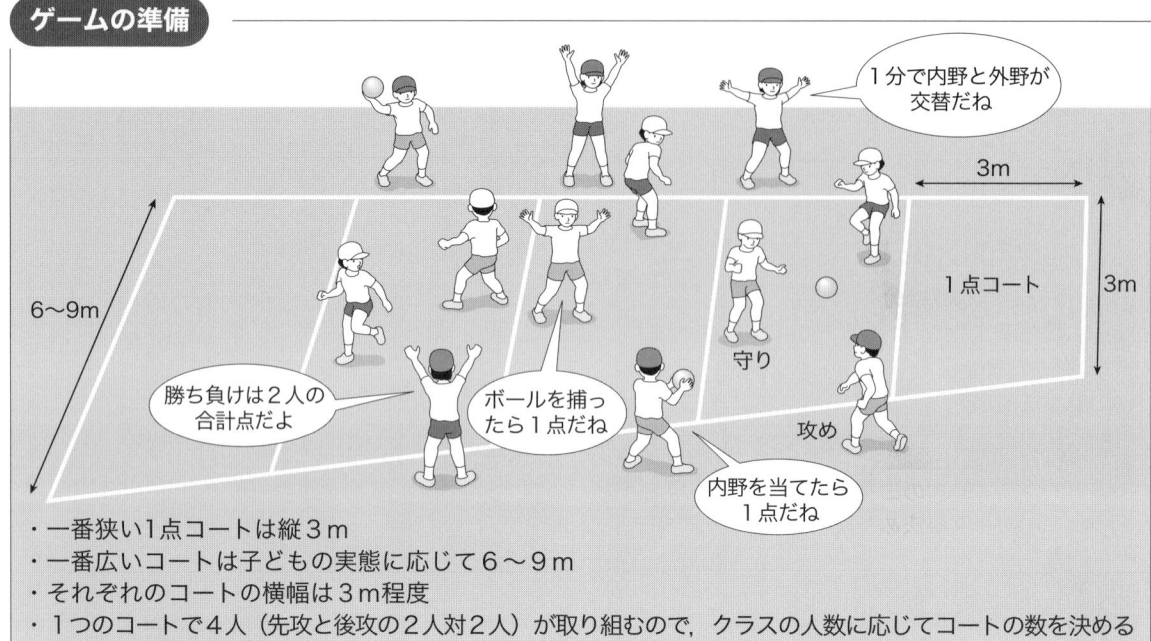

- 一番狭い1点コートは縦3m
- 一番広いコートは子どもの実態に応じて6〜9m
- それぞれのコートの横幅は3m程度
- 1つのコートで4人（先攻と後攻の2人対2人）が取り組むので，クラスの人数に応じてコートの数を決める

活動のポイント

- 先攻後攻を決め，4人が位置についたコートから攻め側にボールを渡すとよい。
- コートの中にいるときにボールをキャッチしたら1点というルールを途中から追加すると，ボール投げだけでなく捕る動きも学ぶことができる。
- 何度か繰り返していくと，狭いコートの方に投捕の技能をまだ身に付けていない子たちが集まってくる。そこで，教師は狭い方のコートを重点的に声をかけて指導していくとよい。
- 守りの2人には，上手な子が守ってあげたり離れた位置からボールを返すといった工夫をさせるとよい。
- 点数やラインのことでもめることも多いので，そのようなときはジャンケン等をするといったきまりをつくっておくとよい。
- 1人1人の個人戦としても，2人組の得点を加えたチーム戦としてもよい。

つまずく動き

両手で持って上から投げる

両手で持って下から投げる

同じ側の手と足が出る

はしごドッジボールは，一定時間内で投捕を繰り返し，当てたり捕ったりすることを点数化して勝敗を決めるゲームである。入れ替え戦方式によって毎回の対戦相手が異なってくることで，飽きずに何度も繰り返し取り組めるゲームである。1人1人の運動頻度が保障されており，投捕の技能向上に適した運動教材である。

運動の行い方

ジャンケンで最初のコートを決め，先攻後攻を決める

教師の合図で先攻がボールを投げて当てる

ボールは順番に投げる
相手に当てたら1点

守りがボールを捕ったら，次に投げる順番の子に渡す

2～3分程度で攻守を交替して位置を入れ替える

点数を確認してから後攻を開始する

後攻が終了後，最後の点数を確認して勝敗を決める

勝ったチームはバンザイをして，負けたチームは拍手

◆入れ替え戦方式

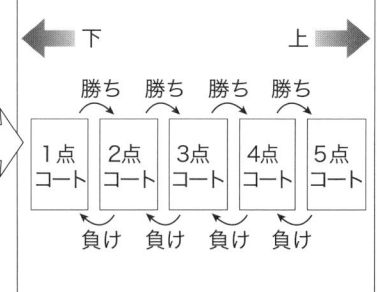
勝ったチームは上のコートへ，負けたチームは下のコートへ移動して2回戦開始

ボール操作の基礎技能を養うゲーム
いろいろなドッジボール①

ゲームの準備とルール

◆スーパードッジボール

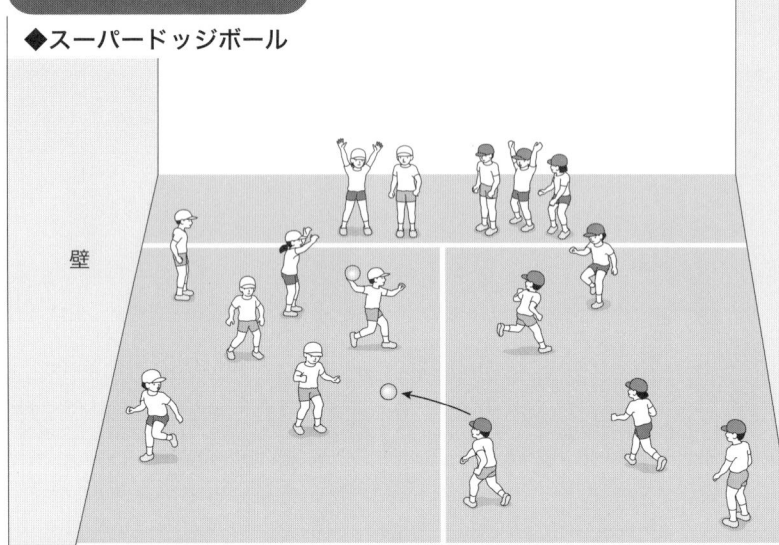

- 体育館の狭い幅のコートを使って子どもたちの後ろが壁になるようにする（後ろに壁があった方が楽しい）
- 当たっても痛くない柔らかいボールを2個使用する
- 壁に当たったボールは床に落ちたことと同じ扱い
- 人数が同じにならない場合は，少ない方のチームが全滅したときに足りない人数分並んでいる順番に内野に入れる
- 単純なゲームだが，取り組む際は，しっかりとした投げる動作で投げさせる
- 持ったボールを他の人に譲ってはいけない

運動の行い方

クラスを2チームか4チームに分け，全員を自陣の壁に並ばせて人数が同じであることを確認

スタートの合図とともにゲーム開始

最初は全員内野で，当てられたらサイドラインに並ぶ。当てられた順番に並んでおく

味方がボールをキャッチしたら当てられた順番に内野に復活

ボールを持っている子を当てた場合も味方が復活する

教師が合図したときに外野の数が少ない方が勝ち

ボール操作の基礎技能を養うゲーム

いろいろなドッジボール②

ゲームの準備とルール

◆アメリカンドッジボール

- 人数を2つに分け、真ん中に1本ラインを引く
- ラインを境にボールを投げ合う
- ボールはできるだけ柔らかいものを使用する
- ボールは1個でも2個でもよい
- 全体の人数が多くても少なくても取り組むことができる
- 投げたボールを相手に当てたら当たった人が味方になる
- 一定時間で人数の多い方が勝ち。また、どちらかのチームが全滅したら終了

運動の行い方

クラスを2つに分け、ラインを境に対面させる

スタートの合図とともにお互いに投げ合う

当てられたら相手コートへ邪魔にならないようそっと移動する

相手コートへ移動する際にねらわれないように注意する

終わりの合図のときに人数の多い方が勝ち

当たった回数の少ない子が勝ちとしてもよい

ボール操作の基礎技能を養うゲーム
上手にけれる子の動き

運動のポイント

ボールの斜め後ろ30～45度程度から助走をする。最後の1歩はける動きの予備動作となるので，軽くジャンプする感じになる。

1歩助走からボールの横に踏み込む。踏み込み足は軸になるのでしっかりと体重を支える。踏み込むのと同時に，けり足を後ろに引く。

ける動作は大変難しく，日常生活で遊ぶなどして繰り返し経験していかないとなかなか身につけることはできない。授業では，練習のやり方をきちんと指導し運動頻度を保障していくことである程度の技能は保障したい。子どもの実態に応じて，ボールは柔らかく軽いものを使用する。

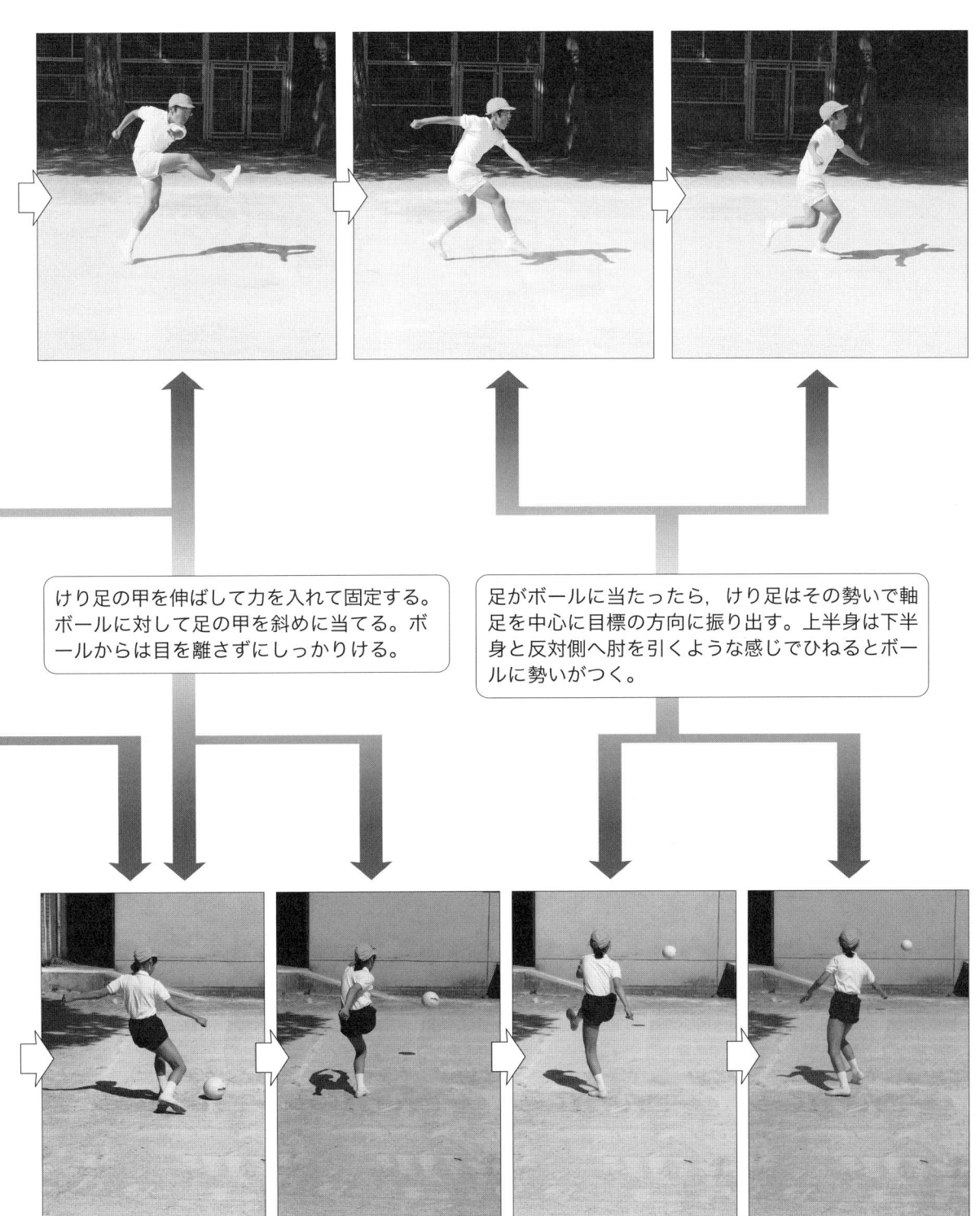

けり足の甲を伸ばして力を入れて固定する。ボールに対して足の甲を斜めに当てる。ボールからは目を離さずにしっかりける。

足がボールに当たったら，けり足はその勢いで軸足を中心に目標の方向に振り出す。上半身は下半身と反対側へ肘を引くような感じでひねるとボールに勢いがつく。

ボール操作の基礎技能を養うゲーム
いろいろなけり方

◆インステップキック

◆インサイドキック

◆トーキック

◆アウトサイドキック

◆ヒールキック

ける動作は非常に難しいため，あまり多くのけり方を指導する必要はない。ける楽しさを経験させるには，思い切りけれるようになることと，おおむね思ったところへけれるようになることである。インサイドキックとインステップキックに指導を重点化することが望ましい。その他のキックについては，ここでは紹介程度としておく。

つまずく動き

踏み込みがしっかりできず，けり足を後ろに引けないので勢いのあるボールにならない

最後までボールを見ていない　　けり足の足首が伸びず，足の　　ボールの横に踏み込んでおら
　　　　　　　　　　　　　　　甲でけることができない　　　　ず，しっかりけれない

指導のポイント

一歩助走でリズムをつかむ　　ホップ　　　　　　　トン　　　　　　　キックー
（予備動作としての小さいジャンプ）（しっかりけり足を引く）（軸足固定とボールへのけり）

ボールをネットに入れ，自分で持ってける。甲でけったり足の内側でけったりする。

ボール操作の基礎技能を養うゲーム

たまごわりサッカー

ゲームの準備

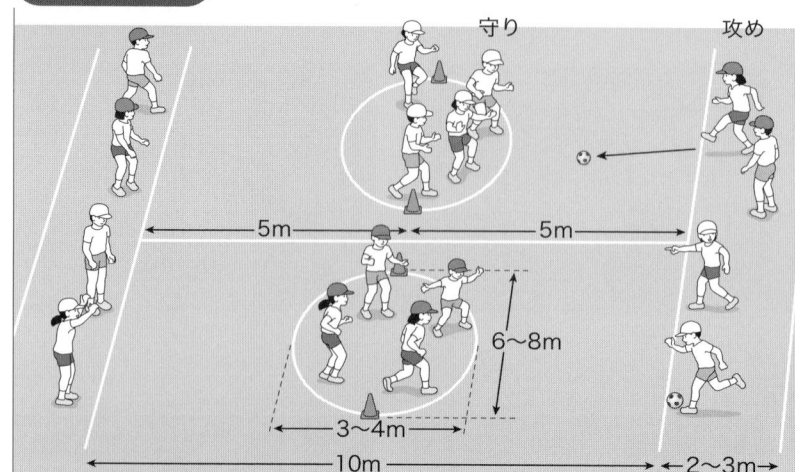

- 横6〜8m，縦3〜4m程度の卵形のゴール
- ゴールの端にコーンを置き，得点できる範囲を明確にする
- 卵の中に4人が入って割られないように守る
- ゴールの真ん中から5mのところにラインを引き，そこからける
- 先攻後攻3分程度ずつ行う

活動のポイント

- 先攻後攻を決め，位置についたコートから攻め側にボールを渡すとよい。
- 攻め側のペアは，自由に組ませて順番にける。ペアの組み方も作戦とする。
- ゲームが始まったら攻め側は手でボールを触ってはいけないこととすると，ける位置までボールを足で運ばなくてはならなくなる。ペアで協力して，ける位置にボールを運ぶことになる。
- 通常のラインから2〜3m程度離したところにもう1本ラインを引き，男子はそのラインからけるようにしてもよい。
- 守りの4人は，手や足でボールを受け止めたりはじいたりしてたまごを守る。並び方や配置などの工夫によって協力して守りをさせる。
- ボールに対する恐怖心などがあるため，顔より上にボールが来たときは点数にならないこととする。
- 点数やボールの高さのことでもめることも多いので，そのようなときはジャンケン等をするといったきまりをつくっておくとよい。

つまずく動き

踏み込みがしっかりできず，けり足を後ろに引けないので勢いのあるボールにならない

たまごわりサッカーは一定時間内で順番にボールをけり，卵形のゴールをボールで割るゲームである。ボールがゴールを抜けたら卵が割れたとして1点。入れ替え戦方式によって毎回の対戦相手が異なってくることで，飽きずに何度も繰り返し取り組めるゲームである。1人1人の運動頻度が保障されており，攻守ともにチームの協力が欠かせない。

運動の行い方

ジャンケンで最初のコートを決め，先攻後攻を決める

教師の合図で先攻がボールを順番にける

卵型のゴールをボールが突き抜けたら1点

守りがボールを捕って防いだら，たまごの中から，次の順番の方向へボールを遠くに投げる

遠くへ投げられたボールを足で操作して，ラインまで運んで来てける

3～4分程度で交替する。後攻終了後，点数を確認して勝敗を決める

勝ったチームはバンザイをして，負けたチームは拍手

◆入れ替え戦方式

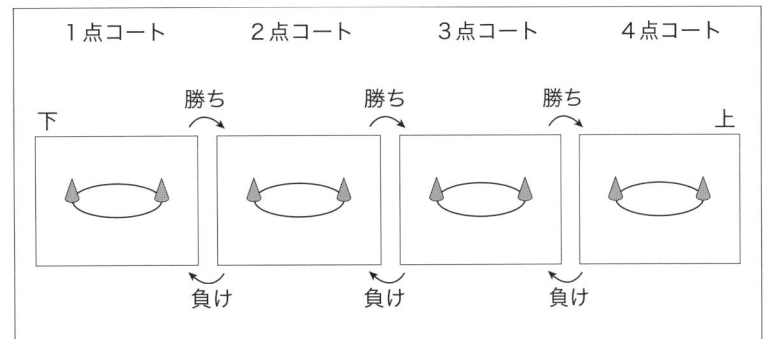

勝ったチームは上のコートへ，負けたチームは下のコートへ移動して2回戦開始

ボール操作の基礎技能を養うゲーム

ボールタッチからドリブルへ

◆ボールを前に置いてボールタッチ　　　　　◆ボールを足の間に置いてボールタッチ

足の裏でタッチしながら前へ行ったり横へ行ったりと少しずつ移動できるとなおよい

◆足の裏でボールを転がす　　　　　　　　　◆足の甲で前へ転がす

体を進行方向の横に向けて足の裏で転がす　　足の甲を伸ばして少しずつ前へ進む

つまずく動き　　　　　　　　　　　　　**活動のポイント**

力の加減ができずにボールだけ行ってしまう　8の字ドリブル（回数や時間で競わせる）

指導のポイント

- 足でのドリブルは，ボールタッチの延長上にあると考えてボールタッチから学ばせる。
- 30秒間に何回タッチできるのかを競ったり記録したりするのもよい。
- ドリブルは，折り返し形式や8の字ドリブルで取り組ませるとよい。
- 苦手な子へは，ボールの空気を他の子よりも多めに抜いておくと転がりにくくなり操作がしやすくなる。

ボール操作の基礎技能を養うゲーム

復活ゲーム

ゲームの準備

- ボールは1人1個
- ゲームの開始とともにボール操作は足でのみ行う（手で扱ってはならない）
- コートは100mトラックを使用，もしくは同程度の広さのラインを引く

運動の行い方

自分のボールを守りながら他の人のボールをラインの外へけり出す

自分のボールがけり出されたら，けりながら戻り，大声で「復活！」と叫んで再び参加する

5人のボールをけり出したら白帽子になり，8人のボールをけり出したら帽子を脱ぐ（黒帽）

活動のポイント

- 赤帽（最初の帽子）の子が白帽の子のボールをけり出したら2点，黒帽の子のボールをけり出したら3点，白帽の子が黒帽の子のボールをけり出したら2点としてもよい。
- ラインの外に出されたボールを取りに行く際，手で持ってきてはいけない。足で操作しながらラインまで戻ってきて「復活！」と叫ぶ。
- 教師に聞こえるように大きな声で取り組ませる。教師が「オッケー！」と返してあげたらコートの中に復活できる。
- ずっとボールを守って止まってしまう子へは，他の子に声をかけてねらわせる。ボールをコート外に出されることでボールを足で扱って戻ってこなければならなくなる。

ボール操作の基礎技能を養うゲーム

バスケットシュート

ゲームの準備

・1人に1個のボールを持たせて，どんどんシュートさせる
・クラスをゴールの数と同数のチームに分ける
・チームごとのゴールがあるようにする
・並ばずにどんどんシュートをさせる

運動の行い方

脇をしめて顔の前で三角をつくるようにしてボールを持つ

中腰の位置までしゃがんで

てのひらをゴールに向ける感じでフワッと高く投げる

ボールは指の腹で持つ
てのひらはつけない

ボールは胸の位置に構え，脇をしめてゴールをねらう

慣れてきたらてのひらが外側に向くまで手首をひねる

つまずく動き

膝を曲げず（しゃがまず）に手だけで投げてしまう

脇が開いてしまう

ボール操作の基礎技能を養うゲーム

30秒シュート競争

ゲームの準備

- バスケットボールのゴールが4つの場合、クラスを8チームに分ける
- 1人に1個のボールを持たせて、どんどんシュートさせる
- バスケットボールのシュートとサッカーのシュート、どちらでもできる

運動の行い方

ジャンケンで先攻後攻を決める

教師の合図で先攻はどんどんシュートする

見ている後攻チームは点数を数える

教師の合図で交替し、合計得点が多い方が勝ち

サッカーの場合はキーパーを1人つけてもよい

転がっていったボールは自分で取りに行く

活動のポイント

- サッカーのシュートの場合、ゴールまで近づいてよいラインを決めておく。
- 30秒間シュートのクラスの最高記録を残しておくとよい。目標となる。
- 見ているチームは、点数を数えてあげる。
- ボールけりのポイントはP24〜27参照。
- バスケットのシュートのポイントはP32参照。

ボール操作の基礎技能を養うゲーム
1 on 1

ゲームの準備

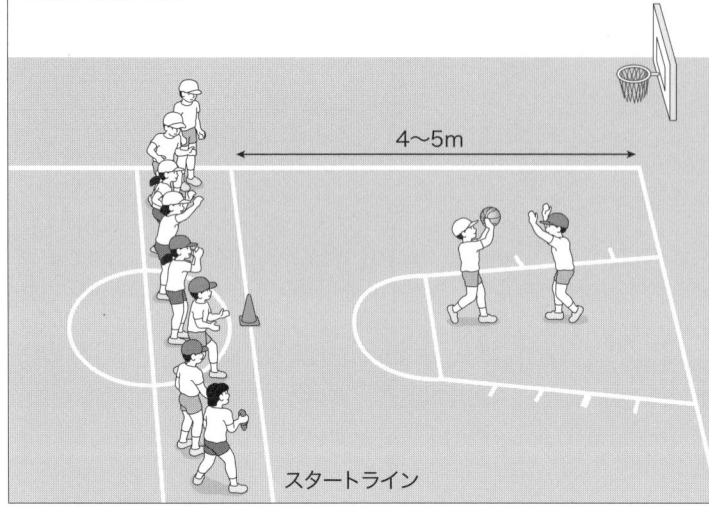

- （バスケットボールのゴールが4つの場合）クラスを8つのチームに分ける
- バスケットボールのゴールから4〜5m程度のところにスタートラインを引く（もともとあるラインを利用するとよい）
- スタートラインの真ん中にコーンを立てておくとチームがわかりやすい

活動のポイント

- チームの点数がわかりやすいように，勝った子は帽子を脱ぎ，最後に帽子を脱いでいる子の人数を数えることで，最終的な点数を決めて勝敗を決める。
- チームの点数が同点となった場合は，代表者がジャンケンで決める。
- ハーフのコートをそれぞれに10点コートから40点コートと点数をつけて，入れ替え戦方式で競わせる。
- 教師が積極的に「シュート！」と声をかけ，チームの仲間への応援を促すことで盛り上がる。
- 守りは，触らずにできるだけ近づいてプレッシャーをかけるように指導する。

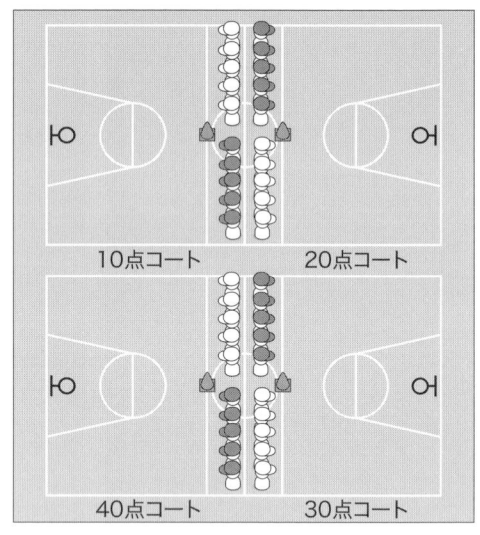

つまずく動き

●シュートが頭の後ろからになってしまう

➡ ボールを持ったら守りがつく前に素早くシュートさせる

指導のポイント

通常のシュートドリルとの違いは，守りがいることである。時間や競走によるシュートドリルは，ゲームになったときに活かせる技能となるかどうかが課題である。1 on 1 では，ゲーム中におけるシュート場面と類似の状況でシュートやリバウンドを繰り返すことになるため，ゲームに活きる技能となる。

運動の行い方

チームで順番を決め，スタートラインに並ぶ

後ろからボールを転がして1番の子がボールを取りに走る

ボールを取ったらゴールに近づいて，シュート

ボールが落ちてもリバウンドを取った方がシュート

ゴールから遠くでボールを取ったら持って走って近づく
※周りの子は自分のチームの子を大声で応援する

守りはとにかく手を挙げてシュートの邪魔をする

守りは持っているボールや体に触ってはいけない

教師の合図で終了し，ゴール数の多い方が帽子を脱ぐ
負けた子は，次のボールを転がす

チーム全員が終わって，勝った（帽子を脱いだ）子の多いチームが勝ち

ボール操作の基礎技能を養うゲーム

ボールを使った折り返しの運動

ゲームの準備

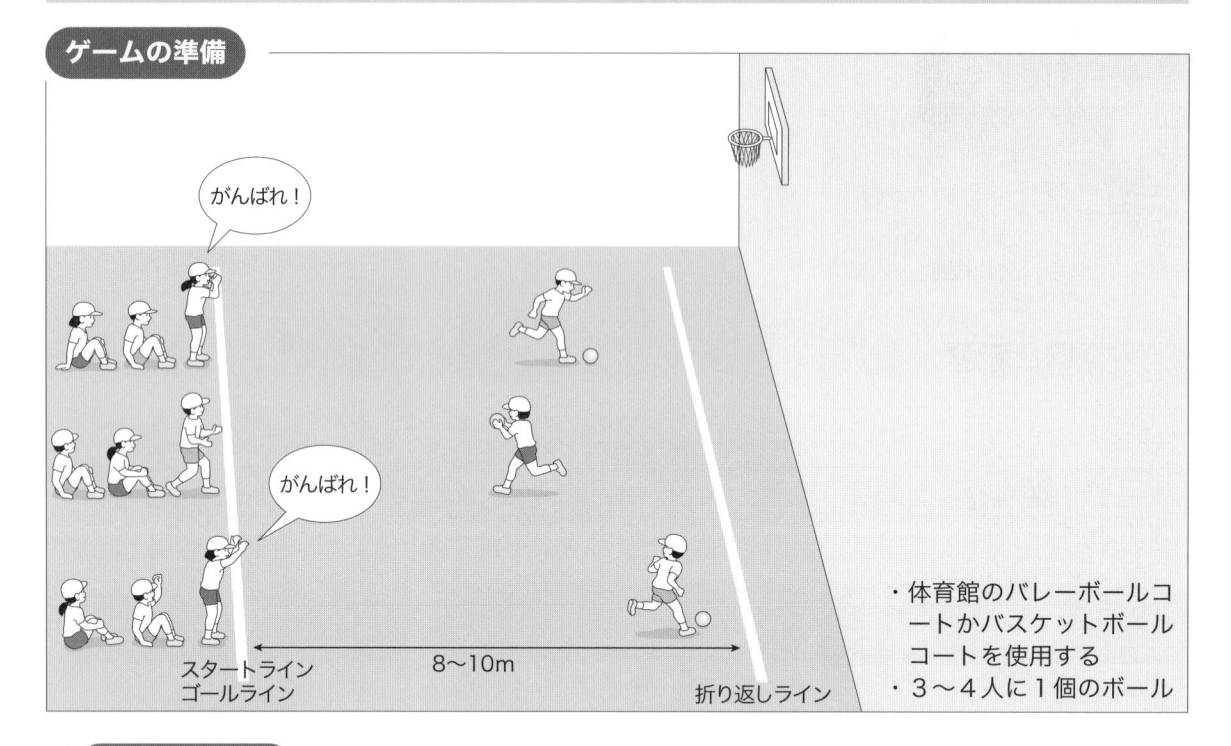

がんばれ！
がんばれ！
スタートライン
ゴールライン
8〜10m
折り返しライン

・体育館のバレーボールコートかバスケットボールコートを使用する
・3〜4人に1個のボール

活動のポイント

・組み合わせ単元で扱い，1回を20分程度とする。年間を通して定期的に単発で扱う。
・折り返す前の往路にさまざまな運動を入れる。
・折り返した後，他の子とぶつからないように（ボールを持って歩くなどの）注意をさせる。
・並んだ際，隣の班との間を十分にとるようにする。
・投げる，捕る，ける，弾ませる，転がすといったボールのさまざまな特性を全員に経験させる。

運動の行い方

ボールを抱えて走る 　　投げる 　　捕る 　　転がす

ボールを使った折り返しの運動は，技能の上下に関係なく運動頻度を平等に保障できる。また，1つ1つの動きを丁寧に指導することが可能である。さらに，投げる，捕る，ける，弾ませる，転がすといったさまざまなボールの特性を経験させることができる。ボール感覚を養うのに適した運動教材である。

弾ませる 　　　　　　　　　ける 　　　　　　　　　足の甲でドリブル 　　　　足の裏でドリブル

はじく（アタック） 　　　　はじく（アンダー）  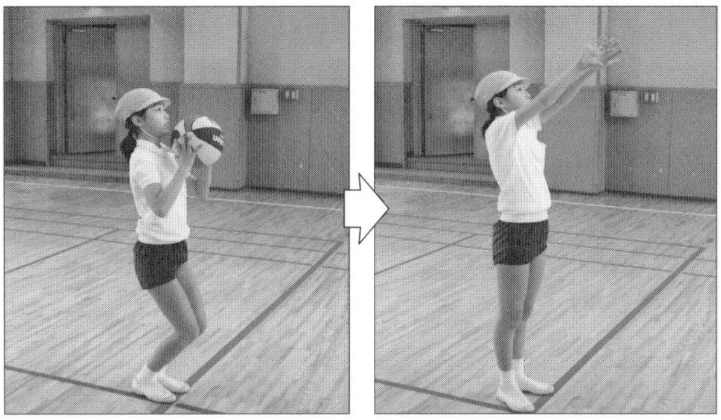　　　バスケットシュート（セットシュート）

レイアップシュート　　　　利き手と同じ足　　　　　上にジャンプしながら　　利き手と同じ足の膝を
ゴール前で両手で持つ　　　から「1歩」　　　　　　「2歩」　　　　　　　　上げながら「シュート」

つく（手でドリブル）　　　腕を伸ばして最後までボ　　ボールのカーブにてのひらを合わせ，手首を返す
最初は止まってやる　　　　ールを追う（触っている
　　　　　　　　　　　　　時間が長くなるように）

37

ボール操作の基礎技能を養うゲーム

ツーメンパス競争

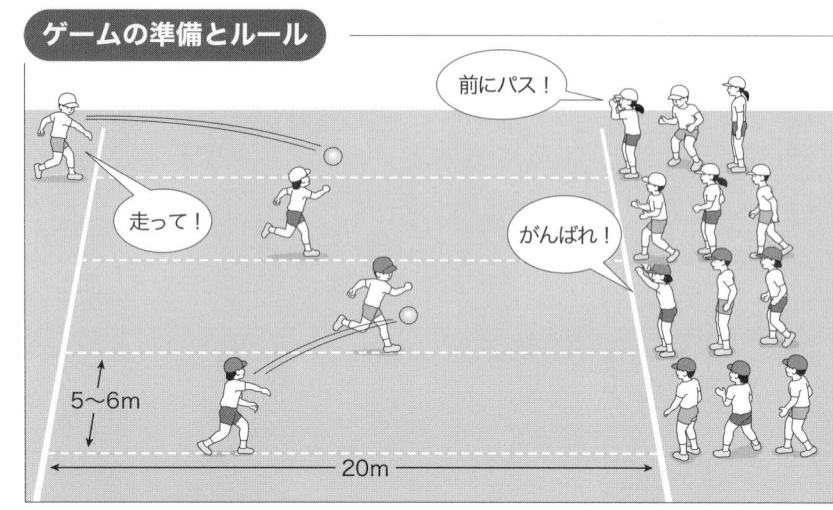

ゲームの準備とルール

「前にパス！」
「走って！」
「がんばれ！」

5〜6m
20m

- スタートからゴールまでは20m程度とし，2列の間隔は，5〜6m程度とする
- 使用するボールは，柔らかいほうがよい。ボールでなく，フライングディスクとしてもよい。
- クラスを4チームに分け，ラインに2列に並ばせる
- コートはチーム数に応じてつくるが，1つのコートに2チーム入って競争する
- ボールを落としたら拾ったところからパス

活動のポイント

- パスしたらすぐに走ることと，パスは相手の少し前の空間に出すことが主な学習内容となる。
- パスに制限を加えることでさまざまなパスを意図することができる。例えば，ボールを落とさないように短いパス，できるだけパスの回数を減らす長いパス，必ずワンバウンドさせるパスなどである。
- 競争のゴールはラインを通ったらとせず，チームの全員が最初の2列の順に並んで座って手を挙げたらゴールとすることで，全体の様子を見ながら声をかけることができる。
- 片手で扱える小さなボールは，投げやすい。片手で扱えない大きなボールは，捕りやすい。それぞれ子どもたちに身に付けさせたい技能に応じたボールを意図して使用する。
- 競走にすることで投げる動作がくずれないように声をかけていく。

つまずく動き

ボールを投げた後，相手が捕るまで止まって見ている

相手の体に向かってボールを投げてしまう

戻らなくてはならない

指導のポイント

相手の少し前の空間に投げる

38

ツーメンパス競争では，ゴール型のゲーム・ボール運動に共通の学習内容となる「パスしたらすぐに走る（パス＆ラン）」と「パスを相手の少し前の空間に出す（リードパス）」の2つをドリル的に身に付けさせるゲームである。扱うボールやパスの工夫によってさまざまなゴール型のゲーム・ボール運動に活用することができる。

ゲームの進め方

チームごとに2列になってコートのスタートラインに並ぶ　順番はチームごとに考える

教師の合図と共に一斉にスタートする

ボールを持ったまま走ってはいけない

反対側のラインまでパスをつないで行き，パスをつないで戻って来る

次の順番へのパスはそのままのパスでもよいが，手渡しパスをしてもよい

自分の順番が終わったら列の後ろに並んで仲間を応援する

最後の2人が帰ってきたら全員で座って手を挙げる

すべてのチームが終わるまで応援する

勝ったチームはバンザイ

39

ボール操作の基礎技能を養うゲーム

かっ飛ばし

ゲームの準備

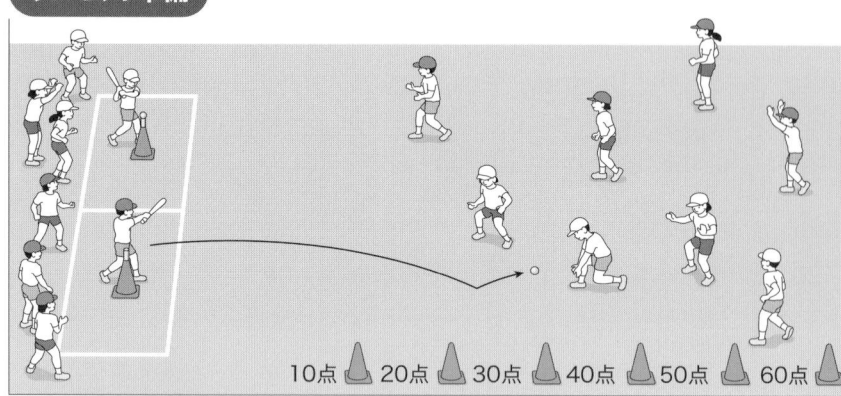

10点　20点　30点　40点　50点　60点

・コーンとバットを4人に1つずつ程度用意する
・コーンの先に穴がない場合は、ペットボトルの上を切ってコーンにかぶせる
・その上にボールを置いてティーにする

運動の行い方

グループの中で順番を決め、1人4〜6回程度打つ

順番を待つ子はバウンドしたボールを捕る

ラインやコーンを目印にどこまで飛ぶのかを競う

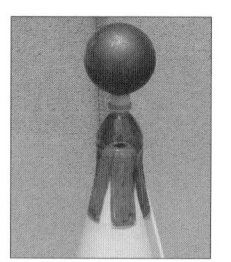

手作りのティー（市販もある）

活動のポイント

・空振りは1回に数えず、前方に飛んだ回数だけ数える。
・グループの中で誰が一番飛ぶのかを競うやり方と、コーンなどを目印にしてワンバウンドした地点を点数化しておき、グループの合計点を他のグループと競うというやり方がある。
・しっかりと重心移動（後ろ足へ体重を乗せた後、前足を踏み込む）を意識させる。
・上半身を前方（打つ方向）にひねることを意識させてバットを振らせる。

つまずく動き

コーンを打ってしまう

指導のポイント

一度、ボールにバットを合わせてから振る

II. ゲームにおける身体操作を養う鬼遊び

ゲームにおける身体操作を養う鬼遊び
子とり鬼

運動の行い方

- 4～8人程度でグループをつくり，グループの中でジャンケンをして鬼を1人決める。
- 鬼以外は，縦に並んで列をつくり，前の人の肩や腰を持つ。
- 教師の合図で始め，列の先頭は最後尾の「子ども」が捕まらないように，両腕を広げて鬼の邪魔をする。
- 鬼が最後尾の「子ども」にタッチすれば，捕まえたことになる。
- 元の鬼が列の先頭になり，捕まった「子ども」が新しい鬼になる。
- なかなか捕まらない場合は一定時間（1～2分程度）で区切り，鬼を交替する。

ジャンケンで鬼を決め
よーい，ドン！

鬼は右に左にフェイントをして
子どもを捕まえる

タッチできたら鬼の勝ち

活動のポイント

- ボール運動につながる身体操作としては，左右へのフェイントを使って子どもを捕まえようとすることである。
- 鬼と，後ろの子どもを守る先頭の人には，左右への身体操作を意識させたい。
- 後ろにつながっている子どもたちは，先頭の肩や腰につかまって動くことで，動きを先読みする感覚を培いたい。したがって，手を離してはいけない。
- グループ対抗にして，グループごとに鬼を務め，一定時間に何人捕まえることができたかで勝敗を決めてもよい。

ゲームにおける身体操作を養う鬼遊び
しっぽ取り

ゲームの準備

- コートの大きさは人数や子どもの能力に応じて決める（トラックのラインを利用してもよい）
- 80cm〜1m程度のしっぽを用意する
- 鉢巻きやポリエチレンテープ（スポーツ応援のポンポン作成用）でもよいが，専用の市販製品もある
- しっぽを運動服のズボンの後ろに20cmほどはさみ，残りを外に垂らす
- しっぽの正しいつけ方を最初に指導しておき，それ以外のつけ方を許さない

運動の行い方

- 個人戦の場合，誰のでもよいのでたくさんのしっぽを取る。しっぽを取られた子もそのまま続けて誰かのしっぽを取り続ける。最後に，何本取ったかを全員で確認し，たくさん取った子に全員で拍手をする。
- 紅白戦の場合，クラスを2つに分けて帽子を紅白にする。白は赤のしっぽを，赤は白のしっぽを取る。最後に，取ったしっぽの数を合計して多い方の勝ちとする。
- グループ対抗戦の場合，6〜10人程度でグループをつくり，3チームによる三つどもえでしっぽを取り合う。

紅白戦では作戦を考えて　　　取るのも逃げるのも大事な身体操作　　　勝ったチームはバンザイ！

活動のポイント

- ボール運動につながる身体操作は，緩急をつけた走り方やジグザグの走り方をすること，左右へのフェイントを使って逃げることである。
- 紅白戦やグループ対抗戦の場合，自由な発想で作戦を立てさせ，実行させるとよい。
- どのような作戦であれ，相手を意識し自分たちのチームのことを考えながらの作戦は，ボール運動の作戦を考えるうえでの基礎となるので評価してあげるとよい。

ゲームにおける身体操作を養う鬼遊び

ドラキュラ

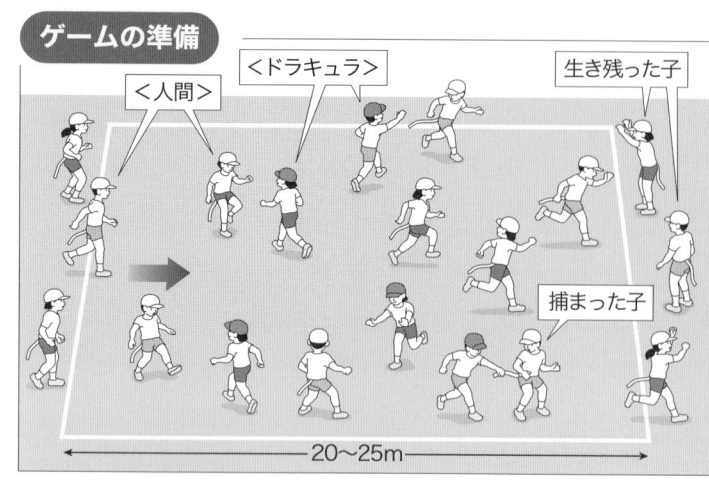

ゲームの準備

<人間> <ドラキュラ> 生き残った子 捕まった子 20〜25m

- 20〜25m程度の間隔をあけた平行なライン
- トラックの直線箇所のラインを利用してもよい
- 80cm〜1m程度のしっぽを用意する
- 鉢巻きやポリエチレンテープ（スポーツ応援のポンポン作成用）でもよいが，専用の市販製品もある
- しっぽを運動服のズボンの後ろに20cmほどはさみ，残りを外に垂らす
- しっぽの正しいつけ方を最初に指導しておき，それ以外のつけ方を許さない

運動の行い方

- ジャンケンで"ドラキュラ"を5〜10人程度決め，赤帽子にする。
- "人間"はラインに並び，教師の合図を待つ。
- 教師の合図で，反対側のラインまでしっぽを取られないように，ドラキュラをかわしながら走る。反対側に着いたら全員が渡りきるまで待つ。
- しっぽを取られた人間は，帽子を赤にしてドラキュラとなる。
- 再び教師の合図で元のラインに戻る。3〜4往復してしっぽを取られなかったら「生き残りおめでとう！」になる。（何往復するか決めずに，残りの人間が10人程度になったら終わりにしてもよい。）

人間はラインに並んで待つ　　教師の合図でスタート。しっぽを取られたらドラキュラになる　　生き残れた人間はバンザイ！

活動のポイント

- ボール運動につながる身体操作は，緩急をつけた走り方やジグザグの走り方をすること，左右へのフェイントを使って逃げることである。
- 待ち受けるドラキュラや自分の周りの人間の様子を考えながら，スピードや身体操作によって抜いていくかけひきの楽しさを味わわせたい。
- なかなかスタートしない子へは時間制限を設け，教師が10カウントしてスタートさせる。

ゲームにおける身体操作を養う鬼遊び

ぬきっこ

ゲームの準備

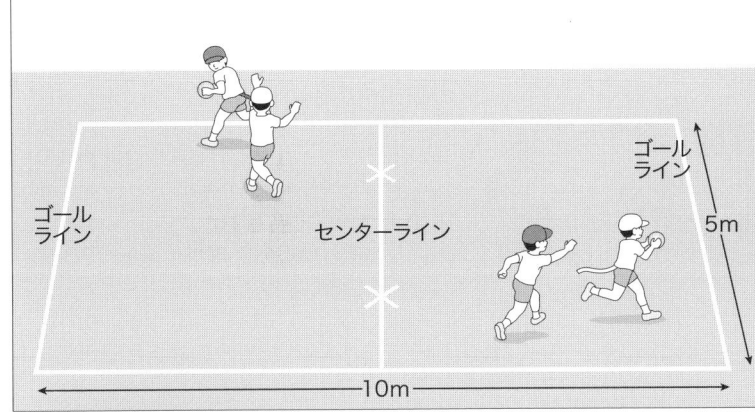

- 縦10m×横5m程度のコート（2チームで1コート）
- 80cm〜1m程度のしっぽを用意する
- 鉢巻きやポリエチレンテープ（スポーツ応援のポンポン作成用）でもよいが，専用の市販製品もある
- しっぽを運動服のズボンの後ろに20cmほどはさみ，残りを外に垂らす
- しっぽの正しいつけ方を最初に指導しておき，それ以外のつけ方を許さない

運動の行い方

- 4人程度のチームで，順番を決めて自チームのラインに並び，挨拶をする。
- 1人目がセンターラインにボールを置いて握手をし，お互いに大股で1歩下がってジャンケンをする。
- ジャンケンに勝ったらボールを拾って相手を抜いて相手ラインまで走り込む。
- ジャンケンに負けたら相手がボールに触るまで動けない。相手がボールを拾ったらしっぽを取りにいく。
- ボールを持って相手ラインに走り込むか，ボールを持っている相手のしっぽを取るかしたら勝ちとなる。
- チーム全員が1対1で勝負をして，勝った人数の多いチームの勝ちとなる。
- 入れ替え戦方式を採用し，勝ったチームは上のコートへ，負けたチームは下のコートへ行く。

握手をしてお互いに大股一歩下がってジャンケン

勝ったらボールを持って走る
負けたらしっぽを取りに走る

相手ラインまで抜いたら勝ち
相手のしっぽを取ったら勝ち

活動のポイント

- ボール運動につながる身体操作としては，左右へのフェイントを使って相手を抜き去ることである。
- ジャンケンで勝った後すぐにボールを拾って走り出そうとすると，出会い頭にぶつかることもあるので，落ち着いて相手を見ながら走り出すように指導する。
- コートを広くしてボール1個で2人対2人にしてもよい。

ゲームにおける身体操作を養う鬼遊び

宝はこび

ゲームの準備

- コートの大きさは人数や子どもの能力に応じて決める（トラックのラインを利用してもよい）
- 紅白玉を1つのコートにつき15〜20個程度用意する
- 80cm〜1m程度のしっぽを用意する
- 鉢巻きやポリエチレンテープ（スポーツ応援のポンポン作成用）でもよいが，専用の市販製品もある
- しっぽを運動服のズボンの後ろに20cmほどはさみ，残りを外に垂らす
- しっぽの正しいつけ方を最初に指導しておき，それ以外のつけ方を許さない

運動の行い方

- 5〜6人でチームをつくり，攻めのチームが守りの鬼チームをかわしながら自分の陣地から宝（紅白玉）を1個ずつ運んでいく。
- しっぽを取られたらコートの外からスタートラインに戻り，しっぽをつけてやり直す。
- 宝を得点ゾーンへ運んだら，コートの外からできるだけ早くスタートラインに戻って次の宝を運ぶ。
- 一定時間（2〜3分）程度で攻めと守りを交替する。
- 宝を多く運んだチームの勝ち。

1人1個の宝を持ってよーい，ドン！

鬼チームは広がって守る

得点ゾーンに入ったら成功

活動のポイント

- ボール運動につながる身体操作としては，左右へのフェイントを使って相手を抜き去ることである。
- 短距離走の記録をもとに，なるべくチームの力が均質になるようにチームをつくる。
- 口論などのもめ事が起きたら，ジャンケンで決めさせる。
- 1人が鬼を引きつけるといった協力する作戦を考えさせる。
- 守りは，立つ位置などを工夫して作戦を考える。

Ⅲ. ゴール型の
　　ゲーム・ボール運動

ゴール型のゲーム・ボール運動

ハーフコート4on2

ゲームの準備とルール

（イラスト内セリフ）
- 右と左に広がって！
- こっちあいてる！パス！
- カットしたら交替だよ

スタートエリア
エンドライン

- ボールは柔らかくて大きめのものを使用
- スタートエリアから最初のパスを出す子は味方が得点するまでエリア内から出てはいけない
- パスとシュートのみで攻め、ボールを持ったら移動してはいけない
- 得点した子は、スタートエリアに入ってパス出しをする
- 得点をしたりボールがラインから出たりカットされたりしたらボールをスタートエリアに戻してやり直す
- 守りは持っているボールや人に触ってはいけない
- 守りは、攻めがスタートエリアからやり直すときに2人とも交替する
- 守りは、スタートエリアに入ってはいけない

活動のポイント

- パスをしたらすぐにゴールに向かって走ること（パス＆ラン）が主な学習内容となる。
- ハーフのコートそれぞれに10点コートから40点コートというような点数をつけて、入れ替え戦方式で競わせる。（P34参照）
- 攻めでボールを持っていない子は、持っている子と自分との間に守りがいないように動くことを意識する。
- 教師が積極的に「シュート！」と声をかけ、チームの仲間への応援を促すことで盛り上がる。
- スタートエリアの中の子がパスをした後、自由に出て動けることにしてもよい。
- 攻めでコート内の動きがあまり活発にならない子が何人もいる場合、得点したりボールがラインから出たりカットされたりしたときに、チーム全員がいったんスタートエリアに入るとか、エンドラインを踏むというルールにしてもよい。

つまずく動き

ボールの方へ近づいてしまう

指導のポイント

味方のボールになったら一度ゴール下まで行く

ボールを持っている子と自分の間に守りがいないように動く

4 on 2は，攻撃側の数的優位（オーバーナンバー）を保障し攻撃側に有利な状況をつくることによって，有効空間（スペース）を意識させながら取り組むゲームである。通常，オーバーナンバーゲームは3対2で扱われることが多いが，ドリブルができない状況では守り方次第で攻めの動きが滞ってしまうため，攻撃側を4人とした。また，再スタートが必ずスタートエリアからという，いつも同じ状況なので，作戦を意識したゲームをしやすい。

ゲームの進め方

先攻と後攻を決め，最初のパスを出す子を決めて位置につく

守りは最初に守る2人と交替を待つ2人に分かれる

合図と共にパスをしてゲーム開始

得点したらシュートを決めた子がスタートエリアからボールをパスして再開

守りがボールをカットしたりボールがラインから出たら，ボールをスタートエリアへ戻す

スタートエリアからやり直すたびに，守りは2人とも交替する

攻めきれなかった場合は，スタートエリアの子にパス

合図と共に先攻を終了して後攻と交替する

後攻終了後，得点を確認して勝ったチームはバンザイ！

49

ゴール型のゲーム・ボール運動

コーンボール

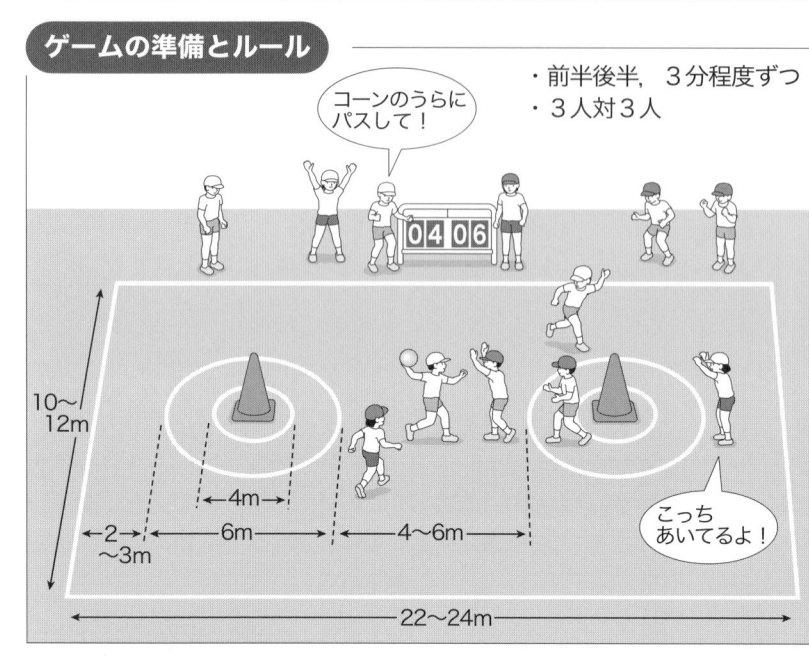

ゲームの準備とルール

「コーンのうらにパスして！」
「こっちあいてるよ！」

- 前半後半，3分程度ずつ
- 3人対3人
- 2つのコーンの間は12m程度
- 内円は半径2m，外円は半径3m程度
- コートのラインはなくてもよい
- ボールは片手で扱える柔らかいものを使用する
- 攻撃はパスとシュートのみで進める
- ボールを持ったら移動してはいけない
- コーンにボールを当てたら得点
- 得点をしてもそのまま続ける
- 守りは持っているボールや人に触ってはいけない
- ボールがラインから出たら相手ボールになる
- 内円には誰も入ってはいけない
- 外円には守りだけ入ってもよい

10〜12m / 2〜3m / 6m / 4m / 4〜6m / 22〜24m

活動のポイント

- コーンの裏の空間や左右の空間が，シュートするには有効であることを理解することが，主な学習内容となる。
- 攻めでボールを持っていない子は，ボールを持っている子と自分との間に守りがいないように動くことを意識する。
- ルールはゲームを進めていく中で追加・変更があってもよい。
- 教師が積極的に「○○さんコーンの裏！」と声をかけ，仲間への応援を促すと盛り上がる。
- 応援は，具体的に名前を呼んでどこへ動いたらいいのか声をかけさせる。
- チーム数はクラスの人数にもよるが，コートをたくさんつくれるのであれば4人チームをたくさんつくって入れ替え戦方式とする。その場合，得点した子はそのたびに控えの子と交替する。
- 10人程度のチームとする場合は，前後半制ではなく3セット制もしくは4セット制とする。

つまずく動き

ボールの方へ近づいてしまう

指導のポイント

コーンの裏に先回りする

攻めは，ボールを持った子と自分の間に守りがいないように動く

コーンボールは360°のゴールによってシュートにつながる有効空間をわかりやすくし，プレイ中に子どもが空間を意識しやすいように意図した運動教材である。パスをつなげやすい教材なので，戦術的な学習内容を意図した学びが構成しやすい。

ゲームの進め方

前半後半（1〜3セットまで）のメンバーを決め，ジャンケンで最初の攻撃権を決める

ゲーム開始の合図によって外円の中からパスを出す

ゲームに出ていない子は，得点係を行いつつ，仲間の応援をする

応援は「頑張れ！」だけではなく，「コーンの裏！」のように具体的に言う

審判はゲームをしている子でお互いに行う。判断がわからない場合はジャンケン

得点してもそのまま続けるので，すぐにボールを捕って連続得点をねらう

攻めで，ボールを持っていない子は，コーンの裏に先回り

守りはパスやシュートをカットして邪魔をする

セットの終了ごとに得点を全員で確認する

51

ゴール型のゲーム・ボール運動
セストポートボール

ゲームの準備とルール

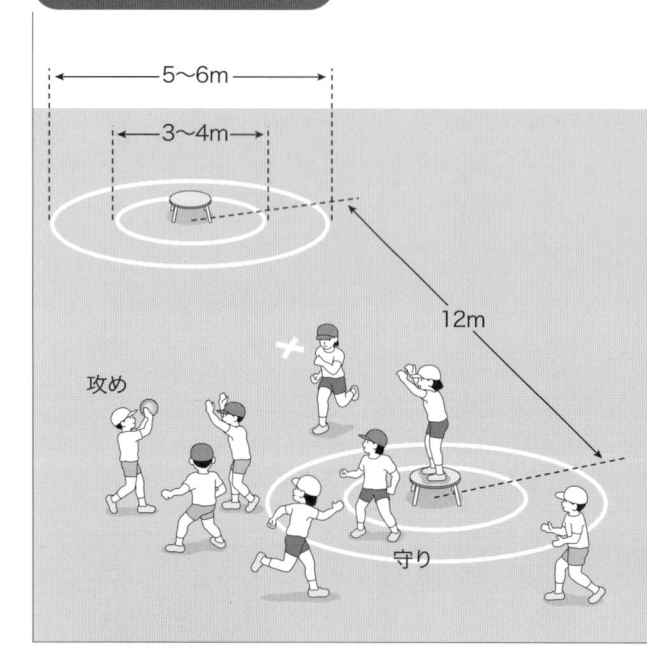

- 前半後半，3分程度ずつ
- 4人対4人
- 両手で扱える程度の大きさで柔らかいボールを使用する
- 円の中心間は12m程度
- 内円は半径2m，外円は半径3m程度
- 内円には誰も入ってはいけない
- 外円には守りだけ入ってよい
- 攻撃はパスとシュートのみで進める
- ボールを持ったら移動してはいけない
- ポートボール台の上で味方がボールをキャッチしたら得点
- ポートボール台の上には，4人のうちの誰が乗ってもよい
- 同じ人が連続で台に乗って得点してはいけない
- 守りは持っているボールや人に触ってはいけない
- 得点されたら円の中からボールをパスして再スタートする

活動のポイント

- ゴール裏の空間や左右の空間がシュートするには有効であることを理解することが主な学習内容となる。
- シュートが直線ではなく山なりなので，山なりに投げる技能が必要となる。
- 攻めでボールを持っていない子は，持っている子と自分との間に守りがいないように動くことを意識する。
- 教師が積極的に「ゴールの裏！」と声をかけ，さらに仲間への応援を促すと盛り上がる。
- 10人程度のチームとする場合は，前後半制ではなく3セット制とする。
- 1ゲームで2回出る場合は，順番を決めて全員が平等に2回出る約束にする。

つまずく動き
守りにくっつかれてパスができない

指導のポイント
くっつかれる前に早めにパスを出す

味方が1人だけ横か後ろに助けに来てパスをもらう

セストポートボールは，コーンボールと同様に360°のゴールが特徴である。コーンボールの直線的なシュートに対し，セストポートボールは山なりのシュートである。高学年でのバスケットボールへの活用を意図している。中学年では，ゴール型ゲームでゲームをトラブルなく進められることや，コートに広がってパスをつなげることを学ばせたい。

ゲームの進め方

帽子やビブスの色で分かれて挨拶をする

出場メンバーを決め，ジャンケンをして最初の攻撃権を決める

ゲーム開始の合図によって円の中からパスを出す

審判はゲームをしている子でお互いに行う。判断がわからない場合はジャンケン

できるだけ山なりのボールでシュートをする

ポートボール台には，味方の誰が乗ってもよい

得点されたら，円の中からボールをパスして再スタート

守りは，パスやシュートをカットして邪魔をする

ファールがあったら，1つ前のプレイからやり直し

53

ゴール型のゲーム・ボール運動

セストサッカー

ゲームの準備とルール

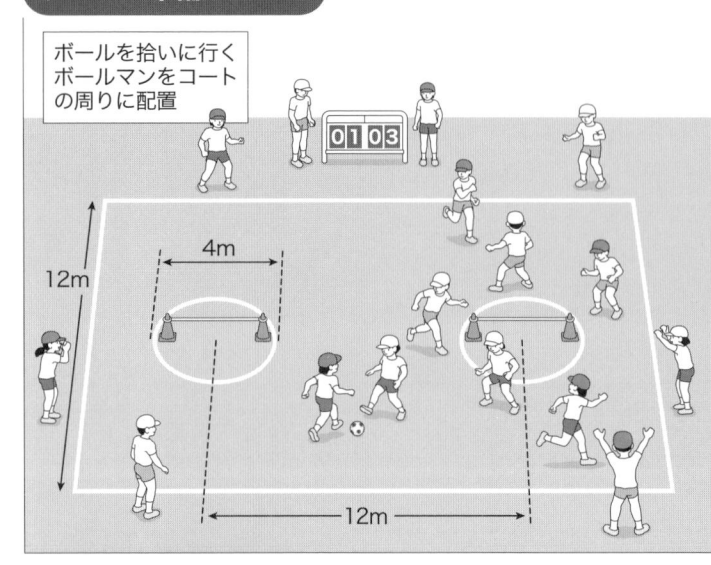

ボールを拾いに行くボールマンをコートの周りに配置

- 前半後半，3分程度ずつ
- 4人対4人
- ゴールは円の中にカラーコーンとバーでつくり，縦方向（I字型）に置く
- 円の半径は2m程度
- 円には誰も入ってはいけない
- 2つの円の中心間は12m程度
- ボールは空気を抜いて，あまり弾まない（転がらない）ようにする
- 真ん中にボールを置き，チームの代表が足をかけて合図と共にボールを引き合ってスタート
- 攻守ともボールを手で触ってはいけない
- ボールを足で扱ってカラーコーンの間を通したら1点
- 得点してもそのまま続ける（連続得点が可能となる）

活動のポイント

- ボールを足で操作しながらシュートしやすい位置へパスをしたり，ドリブルでボールを運んでシュートをしたりするなどの，意図的な攻撃をさせることが主な学習内容となる。
- ボールを持っていない子は，ボールを持った子が何をするのか（パスをするのかシュートをするのか）を考えて，先回りして動くことを意識させる。攻めは，シュートをしそうなら円の反対側に，パスをしそうならパスの出る方へ先回りして動くように声をかける。守りは足でパスやシュートをカットする。
- 女子は浮いたボールを手ではたき落とせる（トラップ技能の軽減）ことにしてもよい。
- チーム数はクラスの人数にもよるが，コートをたくさんつくれるのならば4人チームをたくさんつくり入れ替え戦方式とする。
- 10人程度のチームとする場合は，前後半制ではなく3セット制とする。
- 1ゲームで2回出る場合は，順番を決めて全員が平等に2回出る約束にする。

つまずく動き

ボールを追いかけても触れないあるいは，あきらめて動かない

指導のポイント

攻めは，シュートする子に対し円の反対側に動くようにする

シュートを打ったときに必ずボールが来る

セストサッカーは360°のゴールによる広いシュート空間を有効に使って多くのシュート（得点）を経験させることを意図した教材である。誰でも円の反対側にポジションをとることでシュートチャンスに恵まれる。サッカー系の運動は技能が非常に難しいため，得点してもゲームを止めないで続けるルールとすることで，できるだけ多くの子にチャンスを与えたい。

ゲームの進め方

帽子の色で分かれて挨拶をする

それぞれのチームの代表の子がボールに足をかけ，合図でボールを引き合って開始

ゴールは縦方向（Ｉ字型）に置くことで遠くからの偶然の得点を防ぐ

審判はゲームをしている子でお互いにする。判断がわからない場合はジャンケン

コーンの間，バーの下をボールが通過したら得点

円の中には誰も入ってはいけない

得点をしてもそのまま続ける（反対からの連続得点も可能）

女子は手で浮いたボールをはたき落とせることにしてもよい

攻めは常にボールとは円の反対側に誰かがいるように意識する

ゴール型のゲーム・ボール運動

ディスクゲーム

ゲームの準備とルール

・前半後半，3分程度ずつ
・4人対4人
・ディスクは柔らかいものを使用する
・攻撃はパスのみで進める
・ディスクを持ったら移動してはいけない
・得点ゾーン（何人入ってもよい）で味方がディスクをキャッチしたら得点
・同じ人が連続で得点（キャッチ）してはいけない
・得点したらその場にディスクを置き，チーム全員がいったんコートのセンターまで戻る（その間に相手チームは攻める）
・得点されたら攻守を交替し，攻めは得点ゾーンから再スタートする
・守りは持っているディスクや人に触ってはいけない
・ディスクがコートから出たら相手のディスクになる
・守りは得点ゾーンに入ってはいけない

コート図：エンドライン／ゴールライン／得点ゾーン／ゴールライン／エンドライン、10〜15m、4〜5m、15〜20m、4〜5m
吹き出し：「左はオッケー！」「右と左に走って！」「真ん中もあいてるよ」

活動のポイント

・ディスクを持ったら前を見て，左右の斜め前に仲間が走り込んでくる空間へパスを出し，パスしたらすぐに走ることが主な学習内容となる。
・攻めでディスクを持っていない子は，ディスクを持っている子の左右の斜め前にできるだけ早く走り込むことを意識する。残りの1人は「お助けマン」としてディスクを持っている子の近くにいてバックパスに備える。
・守りがくっつきすぎるとディスクを投げられないため，1m程度離れさせるとよい。
・教師が積極的に「前を見て！」「右（左）が空いてる！」「すぐに右（左）に走って！」と声をかけ，チームの仲間への応援を促すことで盛り上がる。
・10人程度のチームとする場合は，前後半制ではなく3セット制とする。

つまずく動き

ディスクがうまく投げられない

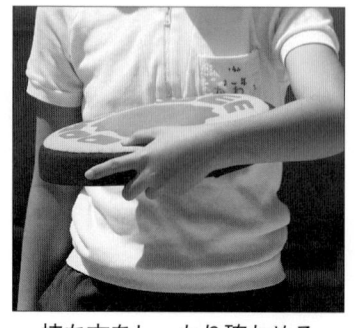

指導のポイント

持ち方をしっかり確かめる

投げたいところへ5本の指でさす

ディスクゲームは，フライングディスクのゆったりと飛ぶ特徴を活かしてゴール型の基本となる中盤局面（ボール運びの場面）の動き方を学ぶのによい教材である。学習内容をシンプルに「前を見る」「右と左に走り込む」「お助けマンが横か後ろにいるようにする」の3つに絞り込むとよい。

ゲームの進め方

出場メンバーを決め，ジャンケンで最初の攻撃権を決める

ゲーム開始の合図と共にパスをして攻め始める

ディスクを持ったら前方左右を見て仲間を待つ

ディスクを持っている子の左右の前方へできるだけ早く走り込んでパスをもらう

パスをしたらすぐに，パスした仲間のさらに左右の前方へ走り込む

守りはディスクを持つ子の手が届く範囲（1m程度）に近づいてはいけない

得点ゾーンでキャッチできたら1点，落としたらそのラインから相手の攻撃となる

得点したらコートの中央（×の印）まで一度全員戻る
相手チームはその間に攻める

ファールをしたら謝り，相手にディスクを渡すか，1つ前のプレイからやり直す

57

ゴール型のゲーム・ボール運動

ラインゴールハンドボール

ゲームのルール

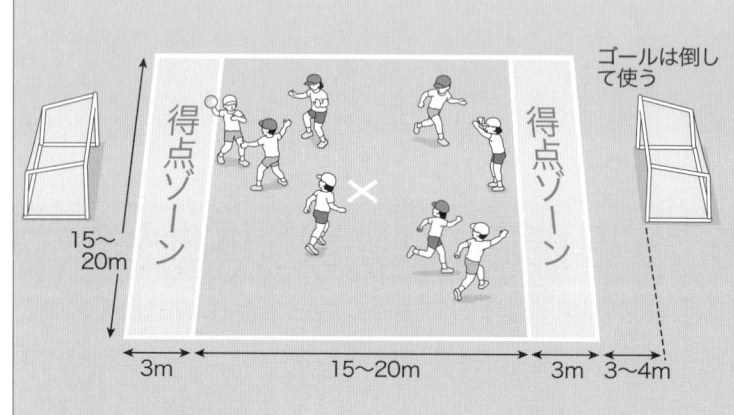

- 前半後半，3分程度ずつ
- 4人対4人
- 攻撃はパスとシュートのみで進める
- ボールを持ったら移動してはいけない
- 得点ゾーン（何人入ってもよい）で味方がボールをキャッチしたら得点
- 同じ人が連続で得点（キャッチ）してはいけない
- 得点したらその場からゴールにシュートすることができる（入ったらさらに1点）
- 持っているボールや人に触ってはいけない
- キーパーを1人決め，攻められているときのみゴール前に立つことができる
- 守りは得点ゾーンに入ってはいけない（キーパーは通り過ぎるだけ）
- 得点されたら攻守を交替し，攻めは得点ゾーンから再スタートする

ゴールは倒して使う

15～20m
3m　15～20m　3m　3～4m

活動のポイント

- 基本的には，ディスクゲームと同じ学習内容となるが，ボールのスピードが速くなるので，動きも速くなる。
- ボールを持ったら前を見て，左右の斜め前に仲間が走り込んでくる空間へパスを出し，パスしたらすぐに走ることが主な学習内容となる。
- 攻めでボールを持っていない子は，ボールを持っている子の左右の斜め前にできるだけ早く走り込むことを意識する。
- 教師が積極的に「前を見て！」「右（左）が空いてる！」「すぐに右（左）に走って！」と声をかけ，チームの仲間への応援を促すことで盛り上がる。

つまずく動き

「走れー！」
「何？どこへ走るの？」

動き方がわからない

指導のポイント

「あの子の前に走るといいんだよ」

コートの外にいるときに指導

「右に誰もいないよ。○○くん右に走って！」

教師がゲーム中に声をかける

ラインゴールハンドボールは，ディスクゲームとほぼ同じ学習内容で取り組む。ゴール型の基本となる中盤局面（ボール運びの場面）の動きを速いスピードの中で精緻な動きへと習熟させることになる。

ゲームの進め方

挨拶をして，ジャンケンで最初の攻撃権を決める

ゲーム開始の合図と共にパスをして攻め始める

ボールを持ったら前方の左右を見て仲間を待つ

ボールを持っている子の左右の前方へできるだけ早く走り込んでパスをもらう

パスをしたらすぐにパスした相手のさらに左右の前方へ走り込む

得点ゾーンでキャッチしたら1点，落としたらそこから相手の攻撃となる

得点した子はその場からゴールに向かってシュートして，入ったらさらに1点追加

得点したらコートの中央（×の印）までいったんチーム全員戻る。相手チームはその間に攻める

ファールをしたら謝り，相手にボールを渡すか，1つ前のプレイからやり直す

59

ゴール型のゲーム・ボール運動
ラインマンサッカー

ゲームの準備とルール

15m / 25〜30m

- 前半後半，5〜7分程度ずつ
- フィールド5人，ラインマン2〜4人，キーパー1人とする
- ボールは空気を抜いてあまり弾まない（転がらない）ものを使用するとよい。
- ジャンケンで攻撃権を決め，中央の×から始める
- フィールドはボールを手で触ってはいけない
- コートの外にボールが出たら，最初にボールを保持したラインマンがコート内に投げ入れる（足でけってはいけない）
- ラインマンどうしで取り合いになったらジャンケンで決める
- ラインマンどうしでのパスをしてはいけない
- ラインマンは直接ゴールしてはいけない
- キーパーは，キーパーエリアから出てフィールドでプレイしてもよい（ボールを手で扱えるのは，キーパーエリア内のみ）
- 得点後は，コート中央（×）から再スタート

活動のポイント

- ラインマンは前半と後半で交替する。（試合ごとに必ず順番で交替）
- ファールは危険なプレイの総称とし，最も近い×マークからフリーキックとする。ハンド（ボールを手で触ってしまった場合）も同様。直接ゴールすることはできない。
- 教師が積極的に「前を見て！」「ラインマンにパス！」「反対のサイドを見て！」と声をかけ，チームの仲間への応援を促すことで盛り上がる。
- 女子は浮いているボールを手ではたき落とせる（トラップ技能の軽減）ことにしてもよい。
- 1ゲームで2回フィールドをやる場合は，順番を決めて全員が平等に2回出る約束にする。

つまずく動き

ボールを前に運べない

ゴール前でシュートできない

指導のポイント

ラインマンを活用して足元へパス

サッカーは足でボールを扱うため，意図的な戦術行動をとるのが難しい。そこでラインマンサッカーでは，ラインマンを有効に活用して意図的な戦術行動をとれるようにすることが主な学習内容となる。特にゴール前での攻防に着目させ，ラインマンから逆サイドへのパスを意識して有効活用させたい。

ゲームの進め方

ポジションを決め，ジャンケンで最初の攻撃権を決める

合図と共にパスをしてゲームを開始する

ゴールが決まったらコート中央（×）から再スタート

ファールをしたら一番近い×マークからフリーキック（直接ゴールをしてはいけない）

コートから出たボールは最初に持ったラインマンのボール（同時に持ったときはジャンケン）

わざとコートから出して味方のラインマンに渡すこともできる（壁パス）

ラインマンはできるだけ早く味方の前やゴールの逆サイドといった有利なところへパス

女子は浮いたボールを手ではたき落とせる（トラップ技能の軽減）ことにしてもよい

1試合の間にラインマンとフィールドのどちらもやる

ゴール型のゲーム・ボール運動

フラッグビー

ゲームの準備とルール

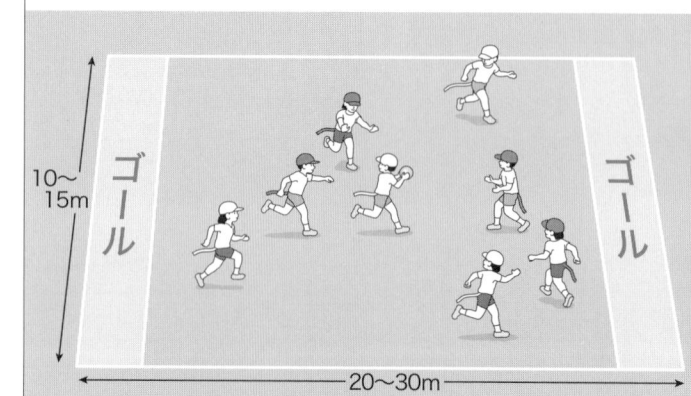

- ジャンケンで攻撃権を決め，ゴールライン内から味方にパスをしてゲーム開始
- ボールを抱えて走り，ゴールラインを越えたら得点（落としてはいけない）
- 守りはボールを持っている子のフラッグ（しっぽ）を取り，その場に置く
- コートの外に出る，落とす，フラッグやボールを取られるという失敗をしたら，その場所からラインをつくって再スタート（3〜4回失敗で攻撃権を交替）
- ラインは再スタート地点に横に並んでつくる（間隔は自由）
- 再スタートは，自陣の方向（後ろ）へ投げて再開，それ以外はどの方向に何回パスしてもよい
- 守りはゴールラインから1m以上離れ，最初のパスが出たらフラッグを取りに走る
- 得点後は，ゴールライン内から相手チームがパスをしてゲーム再開

- 前半後半，3分程度ずつ
- 4人対4人
- スポンジボールでない場合は，ボールの空気を思い切り抜いてあまり弾まないようにする。

コート：10〜15m × 20〜30m

活動のポイント

- ボールは投捕を成功しやすくするために，片手で握れる程度のスポンジ球を使用するとよい。
- 教師が積極的に「前に走って！」「ラインをつくって！」「守りの空いているところ（すき間）をねらって走ろう！」と声をかけ，チームの仲間への応援を促すことで盛り上がる。
- 前方へのパスを禁止し，ボールを落としてもプレイを続けるというルールに変更することでラグビー系への発展も可能。（落とすことを禁止すると子どもにとって難度が高すぎる。）
- 1プレイごとにハドル（作戦会議）を組み，かけ声でボールを出すようにするとフラッグフットボール系への発展も可能。

つまずく動き

パスが通らない

指導のポイント

手渡しパスをする

ショートパスを使う

フラッグビーは，ラグビー系の運動量とフラッグフットボール系の戦術的な学びのしやすさの両方を意図した教材である。1回1回ラインをつくることで再スタートをおおむね同じ状況で開始し，戦術的な学びを易しくしている。また，ラインを速くつくることで運動量を保障している。

ゲームの進め方

ジャンケンで攻撃権を決め味方へのパスでゲーム開始

ボールを抱えてゴールラインへ向かって走る

守りはボールを持っている子のフラッグを取りに走る

フラッグを取ったらその場に置く

フラッグが置かれた場所にラインをつくる。守りは1m以上ラインから離れる（自陣方向に下がる）

最初のパスは自陣（後ろ）方向に行う。パスの後フラッグをつけてから参加する

落としたり，ラインを出てしまっても失敗。3～4回の失敗で攻撃権を交替する

最初のパス以外は，どの方向へ何回パスしてもよい

ラインをつくったときに作戦を確認してもよい

「最初のパスをしたらすぐ投げよう」
「前に走るからどっちかにパスね」

63

IV. ネット型のゲーム・ボール運動

ネット型のゲーム・ボール運動
続けるくん（テニス系）

ゲームの準備とルール

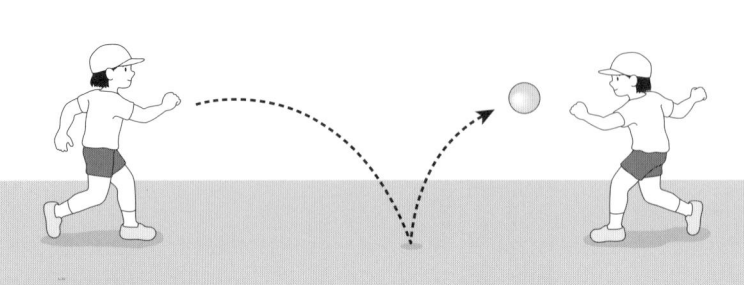

・2人でボールを1個準備する
・ボールはできるだけ柔らかくて弾むバレーボールを使用
・2〜4m程度の間を空けてワンバウンドで打ち合う

運動の行い方

・ワンバウンドで山なりパスをし合い，何回連続で続くか数える。
・打ち方はグーでもパーでもよい。また，片手で打っても両手で打ってもよい。
・ボールを手で持って返してはいけない。
・ボールが地面にツーバウンドしたら失敗。
・2人である程度続くようになったら，4人で取り組む。
・一定時間（2〜3分）程度で連続で続いた数を競う。
・班やチームで数を合計して競ってもよい。

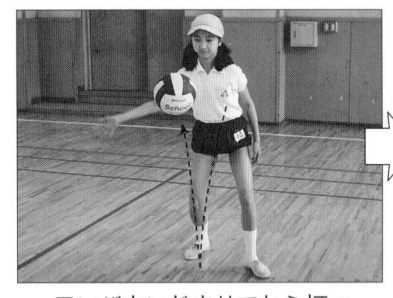

ワンバウンドさせてから打つ 　　グーで打ってもパーで打ってもよい 　　片手で打っても両手で打ってもよい

活動のポイント

・意地悪のし合いになりがちなネット型ゲームは，最初に協力し合うゲームから始めたい。
・バリエーションとして2人（4人の場合は2人対2人）の間にゴムを張り，ゴムを越えてワンバウンドでボールを返すようにしてもよい（続けるくんⅡ）。
・ボールを打つ動き，意図的に相手や空間に返すことが主な学習内容となる。
・10回続いたら合格など，続けるめやすを明確にすることで意欲を持たせる。
・相手が打ち返しやすいところへ（相手の手前1mくらいにワンバウンドさせるイメージ）ボールを打つように心がけさせる。

ネット型のゲーム・ボール運動

落とさないくん（バレーボール系）

ゲームの準備

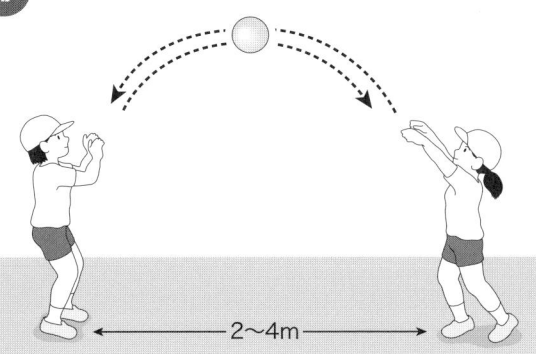

- 2人でボールを1個準備する
- ボールはできるだけ柔らかくて軽いバレーボールを使用
- 2〜4m程度の間を空けて，ボールを落とさないようにはじいてパスし合う

運動の行い方

- 山なりパスをし合い，何回連続で続くか数える。
- ボールのはじき方は2種類ある。オーバーハンドでのパスとアンダーハンドでのパス。
- ボールを手で持って返してはいけない。
- ボールが地面に落ちたら失敗。
- 2人である程度続くようになったら，4人で取り組む。
- 一定時間（2〜3分）程度で連続で続いた数を競う。
- 班やチームで数を合計して競ってもよい。

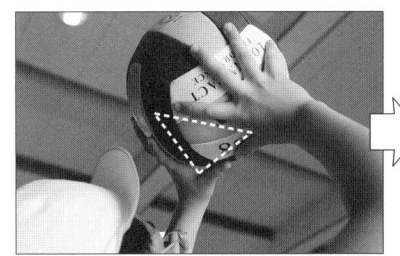

オーバーハンドパスは，両手の親指と人差し指で三角形をつくる感じでボールをはじく

アンダーハンドパスは，両手の親指をそろえて手首を前に出して手首にボールを当てる

最初は近くでパスをし合い，慣れてきたら少し離れる

活動のポイント

- 意地悪のし合いになりがちなネット型ゲームは，最初に協力し合うゲームから始めたい。
- バリエーションとして2人（4人の場合は2人対2人）の間にゴムを張り，ゴムを越えてボールを返すようにしてもよい（落とさないくんⅡ）。
- ボールをはじく動き，意図的に相手や空間に返すことが主な学習内容となる。
- 10回続いたら合格など，続けるめやすを明確にすることで意欲を持たせる。
- 相手がはじき返しやすいところ（相手の頭か腰の辺り）へボールを返すように心がけさせる。

ネット型のゲーム・ボール運動

ハンドテニス

ゲームの準備とルール

4.5〜5m
0.8〜1.1m
4.5〜5m

- 4.5〜5mの正方形を2つ並べてくっつけたコート
- ゲームに出ていない子が真ん中でゴムをつないだ支柱を持つか，高跳びの支柱を使う
- ゴムの高さは0.8〜1.1m
- 2人対2人で行い，前後半で3〜4分程度ずつ
- 1チームは4人で行い，前半後半で交替する
- 入れ替え戦方式で行う
- サーブも含め，ワンバウンドさせてから相手のコートへ打つ
- ボールを手で持って返してはいけない
- コート内で味方にワンバウンドでパスしてもよい
- 相手コートでボールがツーバウンドしたら得点
- 相手が返してきたボールが自分のコートの外に出たり，ネットのゴムの下を通って返ってきたら得点

活動のポイント

- ボールはできるだけ柔らかくて弾むバレーボール程度の大きさのものがよい。
- ラインなどで判定が微妙な場合はジャンケンで決める。
- 打ち返し方はパーでもグーでも片手でも両手でもよい。
- 2人が交互に打ち返さなくてはならないルールにしてもよい（難度は上がる）。
- 打つ瞬間に力が抜けてしまうと思わぬ方向へ飛んでしまうので，手首に力を入れさせる。
- 打ち返す際に，手前か奥か，右か左かといった，ねらう意図をもたせるとよい。

つまずく動き

ボールをうまく返せない

指導のポイント

両手・パーでボールを返す

ボールをしっかり見て打ち返す

ハンドテニスは，最もシンプルにネット型の学びができる教材である。ワンバウンドのボールを山なりに打ち返すという技能は他のネット型の教材の技能と比べて容易である。技能やルールが簡単なので，コートの空いているところへ意図してボールを返したり，ボールの動きを予測して動いたり，仲間をサポートする動きといったネット型の戦術的な学びが保証できる。

ゲームの進め方

前後半のメンバーを決め，挨拶をしてからジャンケンで最初の攻撃権を決める	 サーブは，ワンバウンドさせてから打つ。1度目の失敗は許されることにしてもよい	 相手のボールが自分のコートにワンバウンドしてから打ち返す
 相手が返してきたボールがコートから出たり，ゴムの下を通って返ってきたりしたら得点	 相手のコートでツーバウンドしても得点	 味方にワンバウンドでパスをしてもよい
 相手コートの守りがいないところをねらって打ち返す	 いつでも前後左右に動けるように準備（棒立ちにならない）	 入れ替え戦方式 勝ったら上のコートへ上がり 負けたら下のコートへ下がる

ネット型のゲーム・ボール運動

キャッチアタックバレー

ゲームの準備とルール

- 体育館では，バドミントンのコートとネットを使用（できれば少し高く）
- ボールは軽くてあまり弾まないバレーボールを使用する
- 4人対4人で5分程度行う
- サーブはサーブラインから両手で投げる
- ボールが相手のコートに落ちたら得点
- 相手からのボールがコート内に返って来なくても得点
- 相手から来たボールはキャッチする
- ボールはキャッチ後にネットの側にいる子（セッター）に1回だけパスをする
- セッターとなってボールをキャッチした子は，持ったその場からボールを上げる
- セッターが上げたボールはアタック（両手も可）して返す

活動のポイント

- ボールを落とさずにキャッチしやすくするために，大きめの柔らかいボールを使用する。
- ブロックをしてよいかどうかは，ゲームの様子を見ながら決める。アタックの技能が安定するまではブロックをしないほうが盛り上がる。
- アタック後のバウンドを1回だけ許し，ゲームを簡単にしてラリーが続くようにしてもよい。
- サーブとアタックは，順番を決め（少し入れ替えてもよい），全員ができるようにする。
- 最初のキャッチの後のパスをネット近くに返すと，セッターがアタックしやすいボールを上げることができる。
- キャッチできる回数を少しずつ減らしていくと，ソフトバレーボールにつながっていく。その際，レシーブでキャッチを使うのか，トスでキャッチを使うのかを考えさせるとよい。

つまずく動き

アタックがネットに当たる

指導のポイント

まずは触って確実に返す

少しずつ強く打ち返す

キャッチアタックバレーは，落とさずに手でキャッチすればよいので，ボールの落下点への前後左右の動きを比較的身に付けやすい。また，アタックの技能も頻度を保障することで伸びを実感しやすい。コートのスペースを意識した守りの配置を考えたり，相手の取りにくいところへボールを返す（手前か奥か，右か左か）といった作戦を実現しやすい教材である。

ゲームの進め方

前後半のメンバーを決め，挨拶をしてジャンケンで攻撃権を決める

サーブは両手で相手コートに投げ入れ，コートに入らなかったら1度だけやり直せる

コートに落とさずにキャッチをする（キャッチしたら動けない）

ネットのそばにいる（セッター役の）子にパスをする

セッター役（固定しない）の子はキャッチしたボールを上げる

上がったボールをアタック（順番を決めて全員ができるようにする）

相手のコート内にボールが落ちたら得点

コートの外に出たり，ネットに引っかかったら相手の得点

アタックの際，できるだけネットに触らない（安全上）

ネット型のゲーム・ボール運動

ソフトバレーボール

ゲームの準備とルール

- 体育館では，バドミントンのコートとネットを使用（できれば少し高く）
- ボールはできるだけ柔らかくあまり弾まないバレーボールを使用する
- 4人対4人で行い，前後半で4～5分程度ずつ
- ボールが相手のコートに落ちたら得点（ツーバウンドしたら得点でもよい）
- 相手コートからボールが自コート内に返って来なかった場合も得点
- ボールは3～5回以内で相手コートに返す
- 相手から来たボールを最初に触る子はレシーブをする（2～4回目の子はセッターとなって持ってもよい）
- セッターとなってボールを持った子は，持ったその場からボールを上げる
- セッターが上げたボールは，アタックする（順番を決めて全員がやる）

活動のポイント

- さまざまなルールが考えられるので，子どもたちと話し合ってルールづくりをする。その際，教師は見通しを明確に持っている必要がある。（視点としては，セッターの固定について，バウンドの可否，返球までの回数，同じ子が2回はじくことの可否，サーブは仲間か相手か，等）
- セッターがボールを持てることによって攻める（アタックを中心とした）楽しさを味わえる。
- レシーブをネット近くに返すと，セッターがアタックしやすいボールを上げることができる。
- ミスが得点につながるゲームなので，仲間どうしの肯定的な声かけを大切に指導する。
- ネットぎわにセッターゾーンを決め，その中でキャッチするルールにしてもよい。

つまずく動き

ボールに手が出ず，はじけない

指導のポイント

サーブの際，レシーブは中腰で構える

できるだけ上にはじく

ソフトバレーボールは，さまざまなルールが考えられるため，子どもたちがルールを話し合ってつくっていく学びを意図することができる。また，セッターがボールをキャッチできるようにすることで，アタックにつながるプレイを意図することができ，空いているスペースを意識した戦術的な学びにつなげることもできる。

ゲームの進め方

前後半のメンバーを決め，挨拶をしてジャンケンで攻撃権を決める

サーブは両手で下から山なりに放り，コートに入らなかったら1度だけやり直せる

相手から来たボールを最初に触る子は，アンダーハンドかオーバーハンドでパスする

2回目以降に触る子はキャッチしてセッターとなる（キャッチできない場合は再びはじく）

セッターから上がったボールは，アタックで相手コートに返す

コートに落ちれば得点となる

コートの外に出たり，ネットに引っかかったら相手の得点

最初のレシーブをネット近くに上げられるとよい

ネットに近い位置だとアタックが打ちやすくなる

V. ベースボール型の　　ゲーム・ボール運動

ベースボール型のゲーム・ボール運動

キックベース

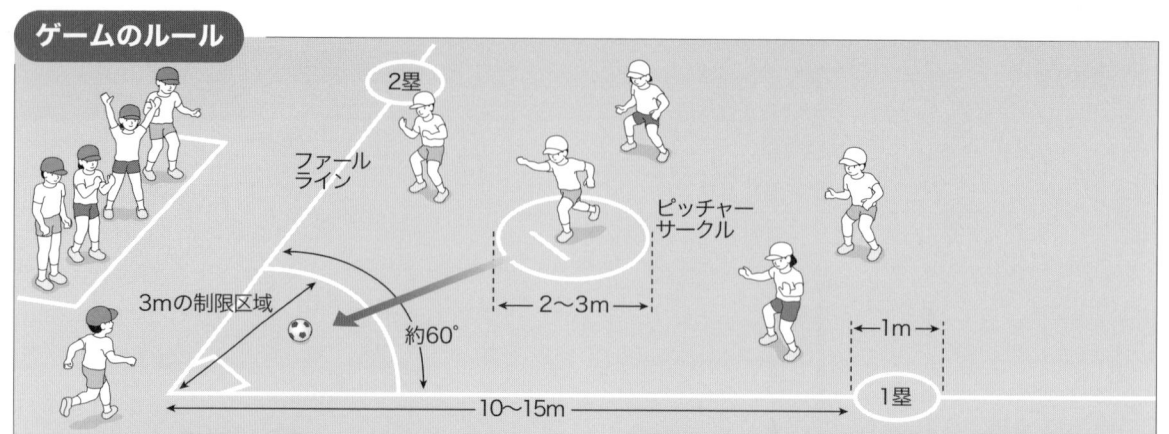

ゲームのルール

- 1チーム5〜7人程度
- 5〜7分程度で攻守交替（アウトの数は関係なし）
- 制限区域内からボールをけったら塁へ走る
- 自分や味方のキックでアウトにならずに進塁してホームベースまで帰ることができたら1点
- 塁に着くよりも早くボールが塁に着くとアウト
- 塁に着くよりも早くピッチャーサークルにボールが戻ったら前の塁に戻る
- 次の塁まで進むとアウトになりそうなときは、その塁に止まって次の打者のキックで続きを走ることができる
- 守りは制限区域内に入ってはいけない
- けって浮いたボールを落とさずにキャッチできたらアウト
- 守りがボールをけった子にそのボールを投げ、当てたらアウト
- けったボールがファールラインから出た場合はやり直し

活動のポイント

- さまざまなルールが考えられるので、子どもたちと話し合ってルールづくりをする。その際、教師は見通しを明確に持っている必要がある。（視点としては、三振やファールの扱い、3アウト制の可否、ベースに置いてけることの可否、リードやタッチアップの可否、等）
- ベンチをつくり（安全面への配慮），得点表を書かせるとよい。
- アウト・セーフの決定で言い争いになったら，すべてジャンケンで決めるようにする。
- 守りは，できるだけ広がって隙がないように工夫させる。
- 苦手な子への配慮として，ベースに置いてける，ピッチャーが両手で転がす等も考えられる。

つまずく動き

ルールをよく理解できない

指導のポイント

塁コーチを置き指示させる

ゲームを止めて説明し，やり直す

キックベースは，ベースボール型ゲームの導入として適した教材である。ベースボール型は，さまざまな状況判断が求められるため，知的な学びが中心となる。加えて，ボールをける動作，ボールを投げる，捕るといった動きも高めることができる。ゲーム自体が流動的ではないので，技能水準が下位にある子どもに個別指導することもできる。

ゲームの進め方

挨拶をしてジャンケンで先攻後攻を決め，先攻は打順を後攻は守備位置を決める

攻撃側はベンチの中で応援し得点表をつける

守備側はできるだけ広がり，隙がないように工夫する

ピッチャーが転がし打者がける　苦手な子へは優しく両手で転がす

けったボールがファールライン外に出たら（ファール）やり直し

けったらすぐに1塁へ走る

守備はボールを捕ったらすぐに1塁へ投げる

間に合わないときは2塁かピッチャーサークルへ投げる

フライのときは，ボールを見て，捕れないなら走る

ベースボール型のゲーム・ボール運動

かっ飛ばしベース

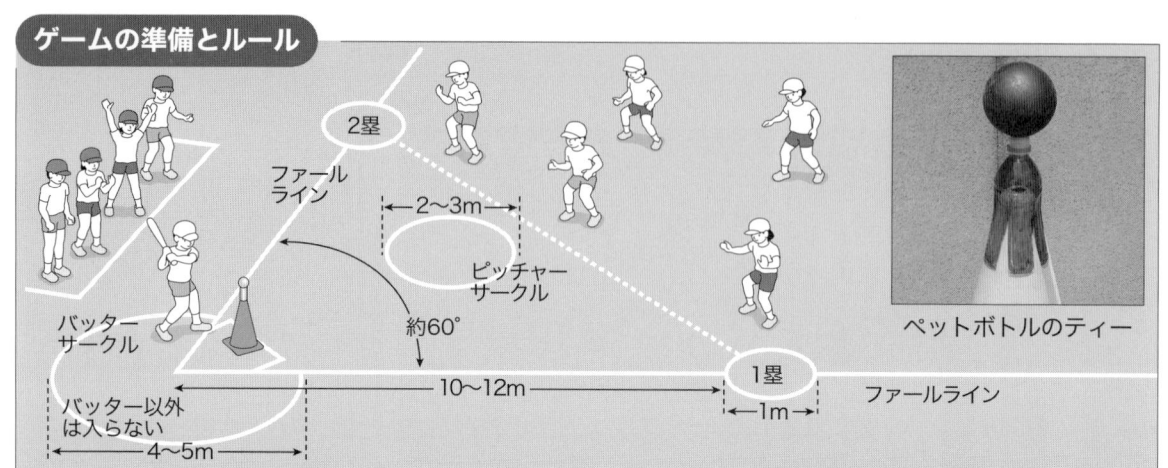

ゲームの準備とルール

ペットボトルのティー

- 1チーム5〜7人程度
- 5〜7分程度で攻守交替
- バットは軽いものか，やわらかいものを使用する
- コーンの上にペットボトルのティーを被せてボールを置く
- 自分や味方の打撃でアウトにならずに進塁し，ホームベースまで帰れたら1点
- 塁に着くよりも早くボールがピッチャーサークルに着くとアウト（セーフでも，それ以上進塁できない）
- 次の塁まで進むとアウトになりそうなときは，その塁に止まって次の打者の打撃で続きを走ることができる
- 制限区域内に守りは入っていいけない
- フライを落とさずにキャッチできたらアウト
- 打ったボールがファールラインから出た場合はやり直し

図中ラベル: 2塁／ファールライン／2〜3m／ピッチャーサークル／約60°／バッターサークル／バッター以外は入らない／4〜5m／10〜12m／1塁／1m／ファールライン

活動のポイント

- キックベースと同じように，子どもたちと話し合うことでルールの工夫をしていく。
- 安全面への配慮としてベンチをつくり（重要），得点表を書かせるとよい。
- 打者が塁に着いたら「セーフ！」ボールがピッチャーサークルに着いたら「アウト！」と声を出させてどちらが早いかで決めさせるとよい。
- アウト・セーフの決定で言い争いになったら，すべてジャンケンで決めるようにする。
- コーンの上のボールを打てない場合は，相手が優しく投げても，味方が近いところから投げても，バットをラケットに替えてもよいこととする（打者に選ばせるとよい）。
- ボールは，素手で捕れる柔らかいボールで，バットで打てる程度の大きさのものを使用する。

つまずく動き

なかなかボールを打てない

指導のポイント

味方のトスで打つ

ラケットに替える

78

かっ飛ばしベースは，ボールを投げたり捕ったりする動きに加え，ボールを打つ動きを高めることができる。キックベースと比べてボールも小さく，より精緻な投捕の技能が必要であり，打つ技能もやや難しいので高学年向きの教材である。チームの中で技能的なアドバイスやルール理解や作戦のアドバイスをし合えるようにしたい。

ゲームの進め方

挨拶をしてジャンケンで先攻後攻を決め，先攻は打順を後攻は守備位置を決める

攻撃側はベンチの中で応援し得点表をつける（危険なのでバッターには近づかない）

守備側はできるだけ広がり隙がないように工夫する

味方が近くから投げるか，ピッチャーが下から投げてもよい

打ったボールがファールライン外に出たら（ファール）やり直し

打ったらすぐに１塁へ走るバットは投げない

守備はボールを捕ったらすぐにピッチャーサークルへ投げる

フライのときは，ボールを見て，捕れないようなら次の塁へ走る

アウトかセーフかわからずに言い争いになったらジャンケンで決める

■著者紹介

清水　由（しみず　ゆう）

1973年　東京都に生まれる
1997年　東京学芸大学教育学部小学校教員養成課程卒業（保健体育選修）
2000年　筑波大学大学院修士課程体育研究科修了（体育方法学専攻）
東京都狛江市立狛江第七小学校を経て，2004年より筑波大学附属小学校教諭，現在に至る

・筑波学校体育研究会理事
・授業ベーシック研究会理事
・初等教育研究会会員
・日本スポーツ教育学会会員
・体育授業研究会監事

【著書】
『すぐわかるすぐできる体育科授業のコツ34』小学館，2003年（共著）
『苦手な運動が好きになるスポーツのコツ②陸上』ゆまに書房，2005年（共著）
『子どもが動く授業マネジメントと折り返し運動』学事出版，2006年（単著）
『授業でそのまま使える！子どもがグーンと賢くなる面白小話・体育編』
　　　　　　　　　　（基幹学力・小話シリーズ7）明治図書出版，2007年（共著）
『<小学校体育>写真でわかる運動と指導のポイント　陸上』大修館書店，2008年（単著）
『小学校学習指導要領の解説と展開　体育編』教育出版，2008年（共著）
『10分でわかる！体育授業のコツ　小学校中学年』学事出版，2008年（共著）
『とってもビジュアル！筑波の体育授業中学年編』明治図書出版，2008年（単著）
『小学校新学習指導要領の展開　体育科編』明治図書，2009年（共著）
『10分でわかる！体育授業のコツ　小学校高学年』学事出版，2009年（共著）
『体育科教育別冊　新しい鉄棒運動の授業づくり』大修館書店，2009年（共著）
『10分でわかる！体育授業のコツ　小学校低学年』学事出版，2009年（共著）
『走る，泳ぐ，投げる，回る，跳ぶ…すべての子どもが必ずできる　体育の基本』
　　　　　　　　　　　　　　　　　　　　学研教育みらい，2010年（共著）

<小学校体育>写真でわかる運動と指導のポイント　ボール

© Y.Shimizu 2010　　　　　　　　　　　　　　　　　　　NDC375／79p／26cm

初版第1刷発行────────2010年6月10日
　　第2刷発行────────2017年3月1日

著　者──────────清水　由
発行者──────────鈴木一行
発行所──────────株式会社 大修館書店
　　　　　　　　　　〒113-8541　東京都文京区湯島2-1-1
　　　　　　　　　　電話03-3868-2651(販売部) 03-3868-2297(編集部)
　　　　　　　　　　振替00190-7-40504
　　　　　　　　　　[出版情報] http://www.taishukan.co.jp
編集協力─────────錦栄書房
装幀・本文レイアウト・イラスト──阿部彰彦
印刷所──────────横山印刷
製本所──────────難波製本

ISBN 978-4-469-26695-5　　Printed in Japan
Ⓡ本書のコピー，スキャン，デジタル化等の無断複製は著作権法上での例外を除き禁じられています。本書を代行業者等の第三者に依頼してスキャンやデジタル化することは，たとえ個人や家庭内での利用であっても著作権法上認められておりません。